青年心理学への誘い
~漂流する若者たち~

和田実・諸井克英 著

ナカニシヤ出版

まえがき

「青年期」とはどのような時期を指しているのだろうか。そもそも「青年」とはどのような人を指すのであろうか。心理学の一般的伝統に従うと，青年期は人間の発達段階のうえで児童期と成人期の間に位置する。つまり，子ども社会から大人社会への移行期である，とされる。また，青年期は「第二の誕生」の時期ともいわれる。この時期には，心身両面での発達が加速され，自我の目覚めや性の目覚めによって自己の内面への関心が増大する。そして，それまで依存してきた親から心理的に独立しようとする。いわば，一人前の「大人」になるために，「苦悩」を抱えながら自己成長する時期なのである。

しかし，現実の「青年たち」をみると，明確な職業意識も形成することなく，日常を刹那的に生きる，まさに社会を「漂流する」若者も増えている。また，彼らは，外見的には「苦悩」がないかのようにみえることすらある。つまり，心理学で伝統的に想定した「青年」があたかも消失しつつあるかのようにみえる。

本書は，青年期の中期や後期にある人たちが自己成長する様相やそれに伴う「苦悩」を扱っている。もともと短大や大学での「青年心理学」の初歩テキストとして企画されたものであるが，青年の心性の理解を通して，青年期にある人たちにとって自己理解の一助となり，日常抱えがちな種々の悩みの解決の糸口になれば，幸いである。

最後に，企画段階から公刊に至るまで，ナカニシヤ出版の宍倉由

高編集長および松下裕さんにはたいへんお世話になった。ここに感謝申し上げます。

平成 14 年 1 月
和田　実
諸井克英

目　　次

まえがき　*i*

1章　青年期とその理解 …………………………………… 1

1　青年期とは何か　1
（1）青年期の成立　1
（2）発達段階としての青年期　3
（3）青年期の始期と終期　5

2　青年を理解する　7

2章　成長する身体と性役割意識 …………………………… 11

1　身体の成長　11
（1）身体部位の成長　11
（2）思春期スパート　14

2　成熟する性　15
（1）第2次性徴の発現　15
（2）発達加速現象　16
（3）第2次性徴発現時期の個人差が適応に及ぼす影響　20

3　性役割意識　22

3章　成長する私 −「自己」の形成と確立− ………………… 27

1　青年期における「自己」　28
（1）青年期における「自己」の特徴　28

（2）社会的比較と「自己」の形成　32
2　「理想」とする自分との格闘　35
3　変貌する「自己」　38

4章　彷徨する親子関係 －巣立ちする私－ … 45

1　親子関係の心理学的重要性　45
　　（1）親からの心理的独立　45
　　（2）親の日常的養育態度　48
　　（3）親子間の愛着　50
2　彷徨する親子関係　55
　　（1）親子関係の変容　55
　　（2）自己愛の基盤としての親子関係　58
　　（3）家族という単位の再編成　63

5章　友 人 関 係 … 67

1　友人関係の特徴　68
　　（1）友だちになるきっかけ　68
　　（2）青年期の友人関係の特徴　69
　　（3）友人関係に何を望むか　71
　　（4）友人関係の性差　73
2　変貌する友だちとの関係　78
　　（1）友人・親友はいるのか？　78
　　（2）友人関係の変容　80

6章　恋愛と性行動 … 87

1　異性関係の形成　88
2　性に対する意識　89
　　（1）性的寛容さ　89

　　　　（2）他の性意識　94
3　性　行　動　95
　　　　（1）性行動経験およびその時代的推移　95
　　　　（2）性行動の個人差をもたらすもの　102

7章　未来を目指して —進路選択— ……………107

1　人生の拡大としての進路選択　108
　　　　（1）大学への進学志望動機　108
　　　　（2）青年期からの旅立ち—職をもつこと—　109
2　青年期への固着　113
　　　　（1）定職に就かない青年　113
　　　　（2）青年期の心理的機能の喪失　116
3　何からの「卒業」なのか　119

8章　浮遊する心 —青年の心理学的健康— ……………123

1　心理学的健康からみた青年の心性　123
　　　　（1）心理学的健康とは何か　123
　　　　（2）正常と異常との連続性　126
2　青年期への滞留　127
　　　　（1）スチューデント・アパシー　128
　　　　（2）摂食障害　132
　　　　（3）不完全な自分を認めること　137

索　引　141

1章　青年期とその理解

和田　実

　青年期とはどのようなものなのだろうか，またいつ始まっていつ終わるのだろうか。これらの点を本章では検討する。さらに，青年を理解するその方法の一端にふれることにする。

1　青年期とは何か

(1) 青年期の成立

　青年を意味する Adolescent という言葉は，"成熟に近づく"という意味である。現代社会の青年は，青年期といわれる長い期間を過ごしている。誰もがこの青年期を過ごしていると思いがちである。しかし，未開社会においては，青年期はまったくないか，あるにしてもごくわずかの時期にすぎない。

　未開社会では，女子は生理的成熟をもって，男子では思春期前後に成人式（日本ではかつての元服があてはまる）を行って大人となる。そして，これまでの無責任な立場から，責任ある地位につかさ

れるのである。

　青年期は，産業革命以後に発生したといわれる。その産業革命は18世紀半ばにイギリスで始まったとされる。18世紀末の1790年にロンドンで出版された人生双六のようなゲームにあらわれた人生区分は，乳児から若者（1–12歳），成年期（13–24歳），人生の全盛期（25–36歳），平穏な中年（37–48歳），老年（49–60歳），衰退（61–72歳），耄碌（73–84歳）となっており（小嶋，1991），いわゆる青年期は入っていない。"若者"から一気に"成年"となっていたのである。青年期は文明社会の産物なのである。すなわち，社会機構が複雑になり，情報化社会が出現するにしたがって，青年は成人社会の一員となるための教育や訓練を受けることが必要になったからである。

　現代の日本の青年は，法律や習慣上の成人としての取り扱いがさまざまである。例えば，公職選挙法によって，選挙権は20歳以上の者にしか与えられていない。被選挙権に関しては，衆議院では25歳以上，参議院では30歳以上である。また，民法によって，婚姻年齢は男性が18歳以上，女性が16歳以上と規定されている。さらに，少年法では，"少年"を20歳に満たない者，"成人"を20歳以上の者と規定している。このように，青年に与える地位および青年に期待する役割はきわめて曖昧である。

　子どもから大人へと一挙に移行する社会や時代では，こうした状況はみられない。ところが，教育や訓練の時期が比較的長い現代の青年は，権利，義務，責任について，あいまいな過渡的状況におかれている。過渡的な地位や役割は，青年にとって不満足なものであり，青年は自分たちに適した地位や役割を欲している。また，思春期から性的成熟がみられ，青年が性的成熟とその欲求を充たすこと

の間に，時間的なズレの大きいことも不満の一つになっている（6章で示すように，性欲求に関してはズレは明らかに小さくなっているが）。

(2) 発達段階としての青年期

　発達段階として検討する際に，次の二つの観点からみる必要がある。一つは，発達は生物学的規定性によるところが大きいと考えるか，文化的・社会的規定性によるところが大きいと考えるのかである。二つ目は，発達過程を連続的な過程としてとらえるか，非連続的な過程としてとらえるかである。

　まず，最初の観点を検討しよう。青年期の行動発達における生物学的規定性を重視し，青年期は生理的成熟とともに必然的に展開するものであり，特定の文化・社会の条件にかかわらず普遍的な現象であると主張する立場がある。代表的なのが，青年心理学の父とよばれるホール（Hall, G. S.）である。彼は，心理学的反復説を主張している（Hall, 1904）。これは，個体発生は系統発生を繰り返すという反復説を拡張したものである。すなわち，青年期は人類が激しい自然の試練の中で，より高次の文化を創造した疾風怒濤（Sturm und Drang）の時代が再演されると考えている。この時期は，児童期の安定を破壊して大きな完成に挑もうとする不安と動揺の時期であり，人生第二の誕生の時期であるという。青年の行動は，自己意識，感情・情緒，社会性において，両極端の二面性を示し，相反する特徴を示す。ホールはこの状態が青年の普遍的な姿と考えた。

　もう一つは，文化的・社会的規定性を重視し，青年期は特定の文化・社会において生ずるものであるとする立場である。すでに，青年期そのものが産業革命以降の文明社会の産物と記したように，生

物学的規定性だけで説明できるものではない。ホールの時代では，未開社会の社会構造が不明確であったため，疾風怒濤の現象は青年にみられる普遍的現象と主張されたが，ミード（Mead, M.）がサモアの青年とくに女子青年を観察するにおよんで，ホールの考え方は否定された。ミード（Mead, 1961）は，サモアの青年とアメリカの青年を比べ次のような特徴があったという。サモアの青年はアメリカの青年に比べ，①生活が比較的単純なため，葛藤を引き起こす重要な選択場面に追い込まれることが少ない，②性に関して開放的であり，抑圧が少ないので，思春期に達したからといって，性的適応のために特別の扱いを受けなくてすむ，③子どもの頃から年齢に応じた仕事を割り当てられており，その仕事を立派に遂行しているので，思春期に達したからといって新しく学ぶべき役割を付与されることなく，子どもから大人への移行が連続的になされる。

　以上のように，青年の行動発達は，彼らの住む社会環境によって異なることが明らかであろう。

　次に，二つ目の発達過程を連続的な過程としてとらえるか，非連続的な過程としてとらえるかである。発達の現象的側面に注目し，量的変化を把握すると，発達過程は連続的な過程ととらえられる。例えば，発達曲線を考えるとよい。発達曲線とは，年齢の増加に伴う心身の発達的変化を計測し，その計測値を縦軸に，暦年齢を横軸にとって図示したものをいう。例えば，2章の図2-3, 4である。身長は年齢とともに連続的に増大している。このように，青年の行動発達は，発達曲線を見るかぎり連続した過程であるようにも思われる。

　しかし，従来，青年期の発達過程は児童期や成人期のそれとは非

連続的な過程として，質的に異なる特徴を示すものとして把握されている。例えば，すでに述べたホールは青年期を疾風怒濤の時期としている。他には，ブロス（Blos, 1962）は第二次個性化の過程，オーズベルは（Ausubel, 1958）は，青年期を個人の生物・社会的地位の顕著な変化に伴うパーソナリティの再構成の時期とし，ホリングワース（Hollingworth, 1928）は，家族の監督から離脱し，物事を自己の判断により決定したくなる時期とし，シュプランガー（Spranger, 1924）は，自我の発見の時期としている，などである。

青年期は，児童期および成人期とは異質的な，非連続的なものとして把握されている。身体的発達とくに性的機能の成熟，知的・認知的発達および自我の発達に関して，量的変化というよりは，質的・構造的変化の生ずる時期である。図 2–3, 4 の発達曲線のように，年齢と身長の関係をみると連続的に見えるが，図 2–2 のように，年間発育量を縦軸にとると，やはり思春期・青年期の変化量は非常に多く，他の時期とは異なるということが明らかであろう。

(3) 青年期の始期と終期

青年期の始まりは，一般に第二次性徴の出現とそれにともなう心理的変化の出現におかれる。第二次性徴に関して 2 章で記されるが，第二次性徴の出現は男子より女子の方がやや早く，男子では 11～12 歳ごろ，女子では 10～11 歳ごろである。

青年期の終わりは，始まり以上に複雑で，一義的には決められない。どのような特徴によって"青年"と"大人"を区分するかによってさまざまだからである。青年期を終えるということは，成熟・完熟した一人前の"大人"になることであるが，何をもって"大人"とするかなのである。

"大人になる"というのは、エリクソン（Erikson, 1959）の人格発達理論における青年期の心理社会的危機を示す用語である"アイデンティティ"の確立といってよいであろう。すなわち、"自分は何者なのか"、"自分のめざす道は何なのか"、"人生の目的は何なのか"、"自分の存在意義は何なのか"など、自己を社会のなかに位置づける問いかけに対して、肯定的かつ確信的に回答できることである。

アイデンティティを確立するのは、容易なことではない。心理社会的モラトリアム（psychosocial moratorium：猶予期間）を必要とするのである（Erikson, 1959）。産業化や情報化の進んだ今日の社会では、身体面での成長を遂げても、それだけでは豊かな社会生活を営むことはできない。心理的にも、社会的にも成長し、種々の能力を発達させることによって、はじめて一人前の社会人としての役割を果たし、まともな社会生活を送ることができるようになるのである。そのために、こうした能力がまだ十分に発達していない青年に対しては、社会的な責任や義務がある程度猶予されているのである。

このモラトリアムの時期に、生計のために働いたり、世間の雑事にわずらわされたりすることなく、理想的な人物、イデオロギー、価値観、さまざまな役割などに自分を適合させ、それを実験的に遂行することで、社会的な遊びを試みる。そうすることを社会も認め、許している。社会的責任、役割、義務が免除されているのである。こうして、青年は大人としてのアイデンティティをゆっくり獲得していくことができる。そして、その獲得で青年期は終わるのである。

モラトリアムの間に、職業生活のために必要な知識や技術を獲得するだけでなく、一人前の社会人として必要な種々の能力や意識、自覚を身につける。より具体的には、就職して経済的な自立をする

こと，仕事に責任を持ち自己実現をしようとすること，また，結婚して社会的な役割を担っていくことである。

したがって，終期には，個人差が多くみられ，一律の年齢では表せない。さらに，高次の文化をもつ社会では，青年期は引き延ばされている。高等教育の大衆化にともない，大学や大学院を修了して就職する者が多くなってきているからである。さらに，2章で記されるように，発達加速現象により，第二次性徴の発現が早まっている。すなわち，青年期の開始時期も早まっているので，青年期はますます長くなっていると言えよう。

2 青年を理解する

青年の心理を理解するといっても，特別な方法があるわけではない。心理学の研究法を用いて，青年の心理を明らかにするのである。すなわち，実験法，調査法，観察法，面接法によるのである。ただし，より特徴的なものとしてあげるとすれば，青年の日記や自叙伝を分析することによって，青年特有の思考法，悩み等を見出すということがある。

青年の理解に限らないが，年齢変化にともなう現象を調べる時には注意を要する。年齢が異なると出生年（コーホート）が異なるからである。

もっとも多く用いられる方法が，横断的方法である。異なった年齢集団を選び，それらを比較するのである。1回の検査・調査で調べたい年齢の全範囲を扱えるという長所がある。しかし，年齢が異なるだけでなくコーホートも異なる。つまり，社会的条件や教育習慣，政治的雰囲気，その他に影響する諸変数の違いと関連をもちう

るのである。すなわち，年齢とコーホートが混同されているのである。

次に，年齢変化がコーホートの違いと混同されない縦断的方法がある。これは，一つのコーホートに属する個人を成長の過程で何度も繰り返し検査・調査するのである。ただし，扱う年齢範囲が大きいと，膨大な時間がかかり，研究をなかなか完成できないという問題点がある。また追跡期間の途中で種々の原因から，対象集団がますます小さくなる可能性も高い。さらに，コーホートに違いがあっても，それらを見つけられない。つまり，一つのコーホートのみなので，結果を一般化できるかどうかが分からないのである。

そこで，横断的方法と縦断的方法の欠点をカバーする方法として，系列的方法がある。いくつかの異なったコーホートを何年間か繰り返して検査・調査するのである。

最後に，系列的方法による研究例を紹介しておこう。横断的方法，もしくは縦断的方法をとっておれば，まったく異なった研究結果が導かれてしまう例である。ネッサーロードとボールツ（Nesserlroade & Baltes, 1974）は，青年期の能力とパーソナリティの発達的変化を調べている。彼らは，1954, 1955, 1956, 1957 年の各コーホートから青年を選んだ。調査が始まった 1970 年には，各コーホートの年齢は 12, 13, 14, 15 歳であった。それぞれのコーホートに，1970, 1971, 1972 年の 3 回，知能とパーソナリティに関するテストを実施した。その中の一つの達成動機の結果を図 1-1 に示した。

結果を考える前に，図 1-1 をみてもらいたい。1 回のテスト施行時期についてだけみれば，いずれも異なったコーホートからの四つの異なった年齢集団を用いた横断的研究に相当する。例えば，1970

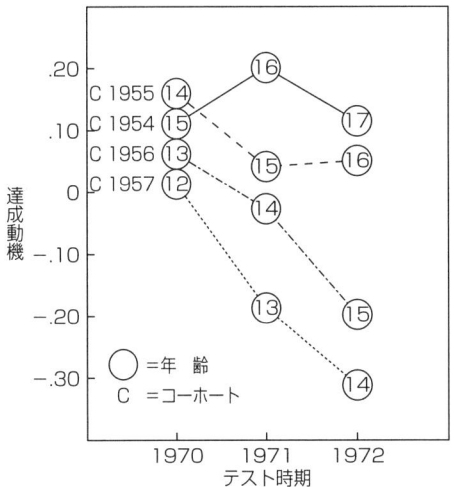

図 1–1 コーホート,テスト時期と達成動機の関連

年の調査実施を考えると,12, 13, 14, 15 歳の年齢集団に横断的にデータを得たというのと同じである。また,一つのコーホートだけをみれば,いずれも一つのコーホートを異なった年齢で 3 回テストしているという縦断的研究に相当する。全体として,この研究では 3 年間のテスト施行期間に 12 歳から 17 歳の 5 年の年齢幅を調べられる系列的なものとなっている。この研究は,研究終了までに,各コーホートが他のコーホートと年齢で 2 歳重複するようになっており,年齢を一定にした時のコーホートの違いを評定することができるのである。

次に結果をみていこう。1956 年と 1957 年のコーホートは成長とともに達成動機が大きく低下している。一方,1954 年と 1955 年のコーホートはあまり変化をしていない。このように,たった 1 年違

うだけのコーホート間に大きな差異があるのである。もし，同じ集団を対象に横断的に，1970年の時点でテストした研究者と1972年の時点でテストした研究者がいたとしたら，両者はかなり異なった結論を出すことになるであろう。

いずれにせよ，横断研究と縦断研究それぞれの研究方法には，いくつか短所があることを肝に銘じておく必要があろう。特に，大きな事件や事故があった時には，何歳の時にそれを体験したかで影響が異なるので，注意が必要である。

引用文献

Ausbel, D. P. 1958 *Theory and problems of adolescent development*. Grune & Stratton.

Blos, P. 1962 *On adolescence : A psychoanalytic interpretation*. Free Press. 野沢栄司（訳） 青年期の精神医学 1971 誠信書房

Bühler, C. M. 1967 *Das Seelenleben des Jugendlichen*. Gustav Fisher Verlag. 原田茂（訳） 青年の精神生活 1969 協同出版

Erikson, E. H. 1959 *Psychological issues : Identity and the life cycle*. International University Press. 小此木啓吾（訳編） 自我同一性－アイデンティティとライフ・サイクル－ 1973 誠信書房

Hall, G, S. 1904 *Adolescence : Its psychology and its relations to physiology, antholopology, sociology, sex, crime, religion and education. I, II.* Appleton.

Hollingworth, L. S. 1928 *The psychology of adolescent*. Appleton.

小嶋秀夫 1991 児童心理学への招待－学童期の生活と発達－ サイエンス社

Mead, M. 1961 *Coming of age in Samoa*. New York : William Morrow & Company. 畑中幸子・山本真鳥（訳） サモアの思春期 1976 蒼樹書房

Nesselroad, J. R. & Baltes, P. B. 1974 Adolescent personality development and historical change : 1970-1972. *Monographs of the Society for Reaserch in Child Development*, **39** (1, Whole No. 154). （ジンバルドー，P. G., 古畑和孝・平井 久（監訳） 1983 現代心理学 サイエンス社より）

Spranger, E. 1924 *Psychologie des Jugendalters*. 土井竹治（訳） 1973 青年の心理 五月書房

2章
成長する身体と性役割意識

和田　実

　身体は年齢とともにどのように成長するのだろうか。また，身体のどの部位も，また誰もが同じように変化・成長するのだろうか。これらの点を本章では検討する。さらに，身体の変化により他者と自分を比較するようになり，ひいては性差をも意識するようになる。そこで，性役割意識についても本章で検討する。

1　身体の成長

（1）　身体部位の成長

　思春期・青年期における身体の成長（身体の発達的変化）は，乳児期とともに生涯で最大の変化を示す。2001（平成13）年の学校保健統計調査による，身長，体重，座高の年齢別の平均値（標準偏差）を男女別に表2-1に示した。男女ともに，年齢が上がるにつれて，身長，体重，座高が大きくなっている。しかも，12歳から15歳頃の増え方が大きいのが分かる（なお，身長だけではあるが，図

表 2-1 年齢別の身長, 体重, 座高の平均値及び標準偏差

	身長 (cm)		体重 (kg)		座高 (cm)	
	平均値	標準偏差	平均値	標準偏差	平均値	標準偏差
〔男 子〕						
5歳	110.7	4.71	19.2	2.81	62.1	2.85
6歳	116.7	4.96	21.8	3.78	65.1	2.92
7歳	122.5	5.14	24.4	4.42	67.7	2.94
8歳	128.1	5.45	27.7	5.63	70.4	3.09
9歳	133.6	5.74	31.2	6.83	72.8	3.19
10歳	139.1	6.13	35.1	7.94	75.3	3.35
11歳	145.3	7.14	39.4	9.15	77.9	3.85
12歳	152.9	8.06	45.4	10.39	81.5	4.56
13歳	160.0	7.69	50.4	10.48	85.0	4.47
14歳	165.5	6.49	55.4	10.34	88.1	3.89
15歳	168.6	5.89	59.7	10.83	90.0	3.46
16歳	170.1	5.79	61.2	10.13	90.8	3.31
17歳	170.8	5.83	62.6	10.32	91.3	3.28
〔女 子〕						
5歳	109.9	4.69	18.8	2.69	61.7	2.81
6歳	115.8	4.87	21.3	3.55	64.6	2.83
7歳	121.7	5.13	23.8	4.22	67.4	2.91
8歳	127.5	5.57	27.0	5.26	70.1	3.13
9歳	133.5	6.17	30.7	6.41	72.9	3.45
10歳	140.3	6.79	34.9	7.51	76.1	3.84
11歳	147.1	6.67	40.1	8.35	79.5	3.92
12歳	152.1	5.93	45.0	8.59	82.3	3.58
13歳	155.1	5.40	48.3	8.24	83.8	3.20
14歳	156.8	5.30	50.7	7.95	84.7	3.01
15歳	157.3	5.22	52.1	8.26	85.1	2.98
16歳	157.7	5.23	53.0	7.81	85.3	2.95
17歳	158.1	5.25	53.1	7.89	85.4	2.95

(注) 1. 年齢は, 平成12年4月1日現在の満年齢である。
2. 全国平均の5歳から17歳の標本誤差(信頼度95%)は, 身長 0.06〜0.10 cm, 体重 0.04〜0.16 kg, 座高 0.08〜0.41 cm である。

2-3, 4 のグラフを見ると，12 歳から 15 歳頃の傾きがきつくなっており，増加量が大きいことがより明らかである）。

しかし，同じ身体の発達的変化でも部位によって異なることが明らかになっている。身体部位の年齢に伴う変化を図 2-1 に示した（Scammon, 1930）。これは 20 歳の状態を 100 とした時の変化比率を示したものである。リンパ型とは，胸腺，扁桃腺などのリンパ組織に属する器官の成長パターンである。一般型とは，身長，体重，胸囲，呼吸器，消化器などの成長パターンである。神経型とは，脳，脊髄，眼球，頭部などの成長パターンであり，生殖型とは，睾丸，卵巣，前立腺，性嚢，輸卵管などの成長パターンである。リンパ型と神経型は，思春期・青年期に成長拡大するというものではないの

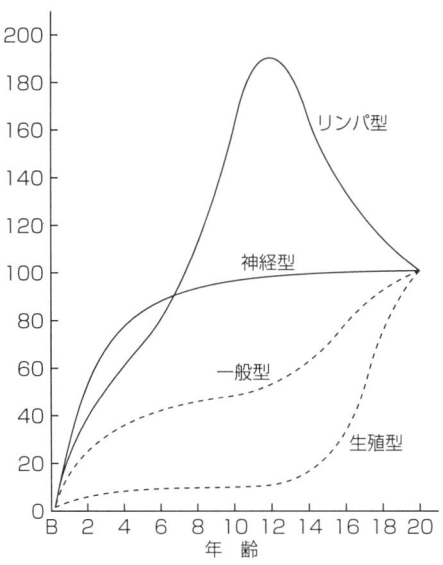

図 2-1 身体各部位の成長

(2) 思春期スパート

人間の身体の成長を考えた場合，乳児期における成長が著しい。その後，幼児期から児童期にかけての成長は緩やかになり，思春期といわれる 12〜15 歳の頃に再び成長量が増大する。このことを思春期スパートという。例えば，身長の年間増加量（Tanner, 1978）を図 2-2 に示した。この図から，二つのことが読みとれる。第一に，すでに記した思春期スパート現象の存在である。第二に，男性と女性の思春期スパート間に存在するズレである。男子よりも女子の方が思春期スパート現象がおよそ 2 年早く生じる。そのために，小学校高学年や中学 1 年生の頃には，男子よりも体格がよい女子が多くみられるのである。

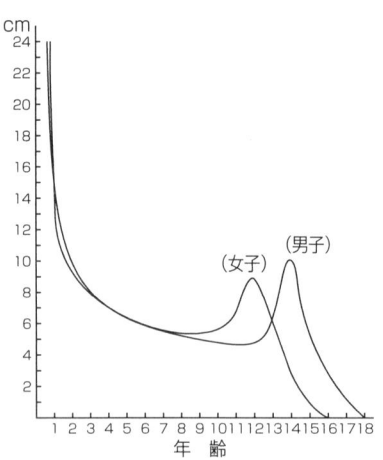

図 2-2　思春期スパート

思春期スパート現象に男女差がみられるのと同様に，各個人のスパート時期も異なる。つまり，この時期の子どもたちの身体的な個人差を大きくさせている（表2-1の男子の11～13歳，女子の10～12歳の身長と座高の標準偏差が他の年齢よりも大きいことからも分かる）。この個人差は，この時期の子どもたちに対して，自分自身を意識させる大きな契機ともなる。そして，身体的容貌に対する関心は，さらに自分の内面に対する関心へと移行する。

2 成熟する性

(1) 第2次性徴の発現

思春期を迎えると，それまで休止状態にあった睾丸や卵巣の機能が活性化し，男性ホルモン（アンドロゲン）や女性ホルモン（エストロゲン）の分泌が高まり，血液中の性ホルモンの濃度が高くなる。こうして第二次性徴がはじまるのである。

男子の場合，精通が生じ，恥毛や腋毛が発生し，顎の髭などの顔面の毛が濃くなる。また，胸毛などの体毛が濃くなり，にきびができ，声変わりが起こり，喉仏が大きくなる。さらに，肩幅が広くなり，筋肉が発達して男性的体格が形成される。女子の場合，初潮に続いて月経が始まり，恥毛や腋毛が発生する。また，声がいくぶん低くなり，にきびができ，乳房が発達し，臀部が大きくなり女性的体格が形成される。

第二次性徴現象の一つである男性の射精経験率，女性の月経経験率を「青少年の性行動全国調査」（日本性教育協会，2001）に基づき表2-2に示した（1981年には中学生からはデータを得ていない）。男女ともに，中学生よりも高校生，高校生よりも大学生の方が経験

表 2-2　射精・月経の経験率推移

	1981 年	1987 年	1993 年	1999 年
〔男子〕				
中学生		37.8	46.7	52.9
高校生	87.8	83.8	86.0	88.6
大学生	95.4	92.0	91.5	97.2
〔女子〕				
中学生		75.0	80.3	83.4
高校生	97.2	95.5	95.1	96.3
大学生	98.4	98.4	98.0	98.0

率が明らかに高くなっている。

（2）発達加速現象

　子どもたちの身体は親の世代に比べて大きく，性的な成熟も早くなっている。このように，年々早く成長が大人のレベルに達することを発達加速現象という。発達加速現象には二つの側面を区別できる。身長，体重などの量的側面の成長速度が加速する現象を成長加速現象といい，初潮，精通などの性的成熟や質的変化の開始年齢が早期化する現象を成熟前傾現象という。

　まず，成長加速現象をみておこう。2001 年の学校保健統計調査から男性の身長を平成 12（2000）年から 5 年ごとにさかのぼって選び出して図示したのが図 2-3 である。女性は図 2-4 に示した。これらの図から二つのことが読みとれる。第一は，成長加速現象の存在である。すなわち，年代が新しくなるにつれて同年代の身長が高くなっているということである。例えば，おおよそ 30 年前の昭和 45（1970）年の 12 歳男子の平均身長が 147.1 cm なのに，30 年後の平成 12（2000）年の 12 歳男子の平均身長は 152.9 cm という

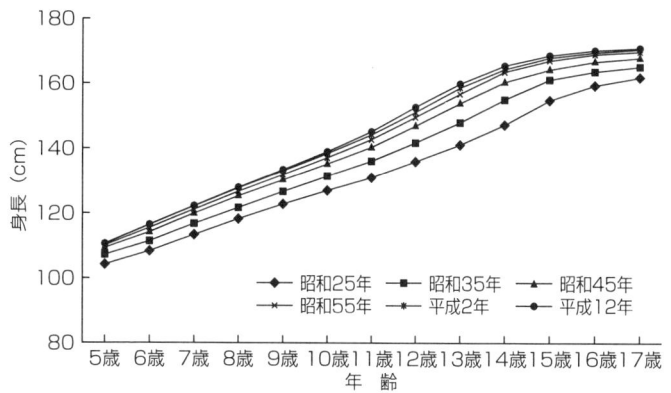

図 2-3　男性の平均身長の推移

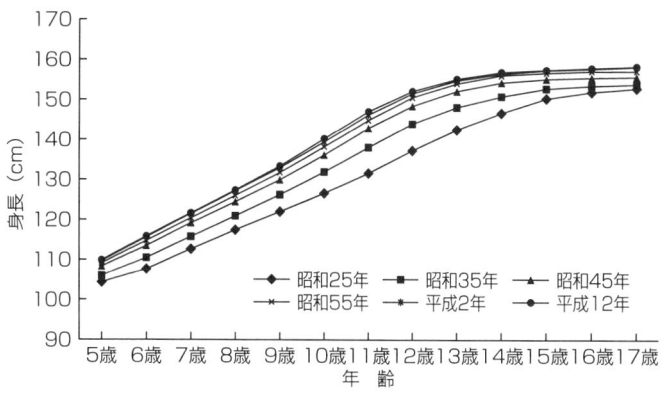

図 2-4　女性の平均身長の推移

ように高くなっている。第二に，年代間の間隔が狭まっているということである。例えば，同じ 10 年でも，平成 2（1990）年と平成 12（2000）年の間隔の方が昭和 25（1950）年と昭和 35（1960）年の間隔よりも狭い，すなわち差が小さくなっている。これは，成長加

次に、成熟前傾現象をみておこう。わが国の平均初潮年齢の推移を図2-5に示した（日野林, 1993）。明治から大正、昭和の初期にかけて女子学生で14歳1〜9カ月、一般女子で14歳〜16歳1カ月に分布している。現在と比べると、約2年半くらい低年齢化している。第二次世界大戦前後に生まれた子どもが思春期になる時期に初潮年齢が遅くなった点を除いて前傾現象が読みとれる。しかも、第二次大戦後の変化が大きい。また、表2-2に示した1981年〜1999年（中学生は1987年〜1999年）までの比較でも同じ現象が読みとれる。また、成長加速現象と同様に、成熟前傾現象においても、最近になるほど落ちついてきていることが明らかとなっている。

発達加速現象の要因としては、栄養状態の改善や、生活様式の欧米化による畳に座る生活から椅子に腰かける生活への変化が指摘さ

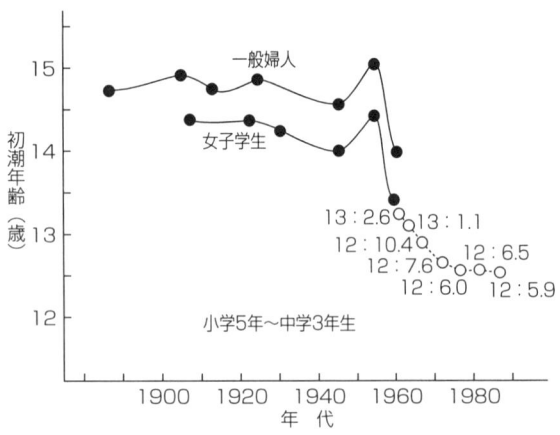

図2-5　わが国の初潮年齢の推移

れている。この他にも，都市化に伴う種々の刺激（人間，商品，広告，テレビ，ラジオ，新聞，雑誌等）が視床下部や自律神経系に効果を及ぼすとする説もある。

なお，「高度産業成長期にみられた，東京や大阪のような都市の平均初潮年齢が低いという傾向は，ここ三回の調査（筆者注：1987, 1982, 1977）では見られなくなった」（日野林，1993, p. 59）という。これは，種々の刺激が郡部まで行き渡ったせいであろう。

さらに，性的成熟が単なる成熟ではなく，社会的刺激の影響をも大きく受けていることを示す興味深い調査結果を示しておこう。初潮月を初潮年齢（初潮学年）ごとに記したのが図 2-6 である（日野林，1993）。これは 1987 年の調査結果である。このときの平均初潮年齢は 12 歳 5.9 ヶ月であった。

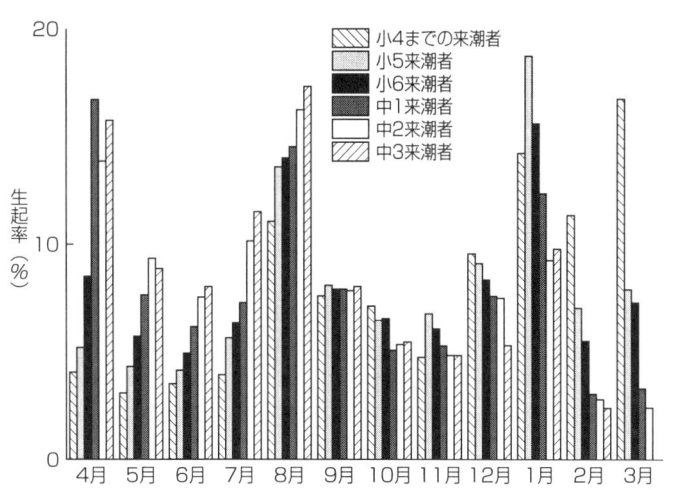

図 2-6　初潮学年別の初潮月

この図から興味深いことが読みとれる。第一に，初潮月にばらつきがあるということである。4, 8, 1月が多くなっている。第二に，初潮年齢とも大きくかかわっている。すなわち，小学校段階で初潮がある者は1, 8月に多く，中学校以降では4月が8月とともに多いのである。これらのことは，学校の休みの時期や進学・進級の時期にあたっており，初潮（さらには，性的成熟）が単なる生理現象ではなく，心理的・社会的影響をこうむる現象であることを示唆している。さらにこのことを裏付けるように，いわゆる早生まれ（1〜3月生まれ）の児童は他の生月の児童に比較して初潮年齢が早い傾向にあった（日野林, 1993）という。早生まれの児童は，月齢的にみれば早くに就学する。すなわち刺激を受ける時期が早いということが影響していると考えられよう。

(3) 第2次性徴発現時期の個人差が適応に及ぼす影響

身体の成長の男女差と同様に，性的成熟も男性よりも女性の方が早く始まる。それを時間の流れをもとに図示すると，図2-7のようになる。早熟とは，他の人よりも早く性的成熟が始まる者をいい，晩熟とは他の者よりも遅く性的成熟が始まる者である。

早熟の者と晩熟の者で何か違いが生じるのであろうか。ゴードン（Gordon, 1965）は，17歳の男女を早熟群と晩熟群に分けて検討している。その結果，男子の場合，晩熟傾向の者は，心理的圧力に直

図2-7 男女の性的成熟のズレ

面した時,劣等感ないし拒否的感情をもつか,反逆的・支配的になって過大補償をするかのいずれかであった。一方,早熟傾向の男子は,通常の範囲のパーソナリティ特性を示していた。女子の場合,早熟傾向の者の方がわずかではあるが社会的に不利な面を持ちあわせていた。すなわち,彼女らは仲間うちで評判が悪かったのである。一方,晩熟傾向の女子は,仲間から人気があり,リーダーになる者も多かった。

また,コールとホール(Cole & Hall, 1970)は,性的成熟の程度が青年の中での地位に重要な影響を及ぼすことを指摘している。早熟の男子は仲間に対してリーダーになりやすく,クラブやその他の社会的活動に積極的に参加する傾向があるという。一方,晩熟の男子は劣等感意識をもちやすく,その影響をこうむりやすい。その結果,純粋に知的なことを除いて,晩熟な男子は一般に不利であるという。

図からも明らかなように,早熟の少年は少女の平均的な第二次性徴の開始頃に第二次性徴が始まる。晩熟の少女は少年の平均的な第二次性徴の開始頃に第二次性徴が始まる。つまり,性に目覚めた時に,同年代の男女ともに同じレベルの性的成熟が始まっているので,異性に適応するのを学習することに何ら問題はないであろう。

一方,早熟な女子と晩熟な男子は,性に目覚めた時に,同年代の異性は何ら性的成熟が始まっていないか,すでにほとんどの者の性的成熟が進んだ後となる。したがって,異性への適応上の問題を抱える可能性が考えられる。

3 性役割意識

第二次性徴の発現によって性的成熟が始まると,青年の中で"性"の問題が大きな比重を占めるようになる。その一つが青年の性行動およびそれに関わる性に対する意識である。これについては6章で扱う。

もう一つが,大人の男性,女性になる際に,その社会で男女に課されている性役割期待にどのように対峙するかである。例えば,伝統的な性役割観の一つに,「男は仕事,女は家庭」というのがある。まずこの点について検討しよう。

総務庁青少年対策本部(1999)の「世界青年意識調査」の「男は外で働き,女は家庭を守るべきだ」という意見に賛成かどうかを聞いた結果を図2-8に示した。

1998年調査の第6回の結果によると,賛成する者が18.4%,反対する者が61.2%と,反対する者が賛成する者の3倍以上である。男女別の結果によると,男女とも反対する者の方が多いものの,賛

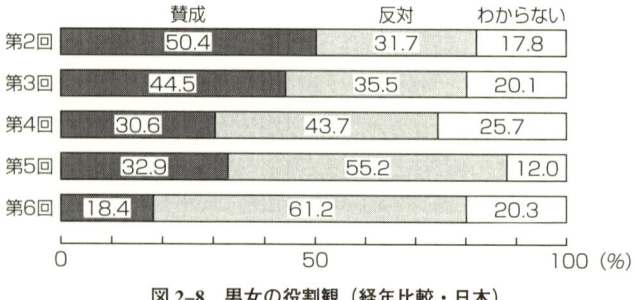

図2-8 男女の役割観(経年比較・日本)

成する者は男性が21.5％，女性が15.2％と，男性の方が多くなっている。

次に，経年比較でみると，賛成する者が年々減り，反対する者が年々増えている。第6回調査での反対する者の割合は，1977年の第2回調査の2倍以上である。

「世界青年意識調査」の調査対象者は18～24歳であり，中高生は入っていない。そこで，日本性教育協会の「青少年の性行動調査」の第5回の結果（1999年実施）を図2-9に示した。こちらの回答は，"賛成"，"反対"ではなく，"そう思う"，"どちらかというとそう思う"，"どちらかというとそう思わない"，"そう思わない"となっている。

"そう思う"＋"どちらかというとそう思う"を"賛成"，"そう思わない"＋"どちらかというとそう思わない"を"反対"と考えて，

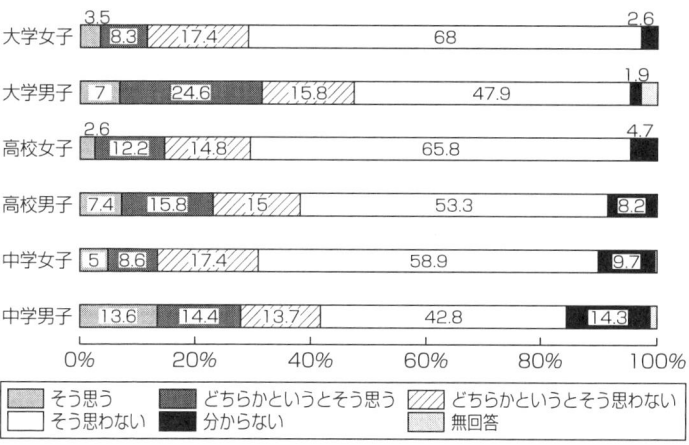

図2-9 「男は外で働き，女は家庭を守るべきだ」について

「世界青年意識調査」の結果と比較してみる。すると、「世界青年意識調査」の結果と同様に、反対の者の方が賛成の者よりも非常に多く、また女子よりも男子の方が賛成の割合が高くなっているのが分かる。

なお、同じ項目の第4回の調査結果（1993年実施）によると、"賛成"とする者の割合が40.7%とかなり高い。最も低い高校女子でさえ、38%である。第4回と第5回の間に、青年の性役割観が大きく変わったのであろうか。年齢が少し上の青年を対象としている「世界青年意識調査」においても、"賛成"の割合が第5回調査の32.9%から第6回調査の18.4%へと大きく割合を下げている。

いずれにせよ、意識上は「男は仕事、女は家庭」という考えが崩れてきていると言えよう。単身赴任や共働きが増えることにより、"男子厨房に入らず"では、生活が成り立たなくなっているからでもあろう。実際、テレビで男性向けの料理番組もある（NHKの"男の食彩"など）。

このように時代によって変化することからも明らかなように、性役割意識は文化・社会によっても異なるのである。有名なのが文化人類学者のミード（Mead, 1935）によるニューギニアの3部族の調査である。アラペシュ族は男女とも"女性的"で温和であり、ムンドグモール族は男女とも"男性的"で攻撃的であり、チャンブリ族はこれまでのわれわれの社会とは男女逆の特徴（男性の方が内気、依存的、感情的で、女性の方が攻撃的、支配的、活発）をもっていたのである。

性役割期待の変化に呼応するように、"男性解放"ということが言われ出した。著作もたくさん出ている。例えば、「正しい男のや

り方」(Baumli, 1991),「〈男らしさ〉のゆくえ」(伊藤, 1993),「男性学」(井上ら, 1995),「男性学入門」(伊藤, 1996),「オトコが〈男らしさ〉を棄てるとき」(豊田, 1997) などである。女性はかつての男性の領域に容易に入り込めるのに対し,男性はかつての女性の領域に入り込めない現状があるというのである。その最大の原因の一つとして,渡辺(1986)は,「男性性の脆弱さという宿命ゆえに,男らしさを失ってしまうのではないかという不安におそわれてしまうからなのだ」(p.24) と指摘している。また,関(1998)は,男性が描く望ましい男性像,女性の描く望ましい男性像,男性の描く理想の自己像にほとんど差がない,つまり,みんなの期待が一致しているので男性は迷う必要がないかわりに,その目標に向かって大きなプレッシャーがかかるのであるという。また,男性役割期待があまりにも画一的で,しかも価値あるものとみなされているので,その男性像からはみ出してしまうと,落伍者,逸脱者として,劣等感にさいなまれることが少なくない(関,1998)。すなわち,男性は"男らしさ"という性役割に強く縛られていると言える。そのために,意識では変化しても行動が伴わないということが起こるのであろう。

引用文献

Baumli, F. 1985 *Men freeing men*. 下村満子(訳) 正しいオトコのやり方 学陽書房

Cole, L. & Hall, I. N. 1970 *Psychology of Adolescence*. New York : Holt.

学校保健統計調査 2001 文部科学省

Gordon, I. H. 1965 *Human Development*. Scott Foresman.

日野林俊彦 1993 今の子どもの性的な成熟−発達加速の現状− 現代のエスプリ,**309**,至文堂,54-65.

井上輝子・上野千鶴子・江原由美子(編) 1995 男性学 岩波書店

伊藤公雄　1993　〈男らしさ〉のゆくえ－男性文化の文化社会学－　新曜社
伊藤公雄　1996　男性学入門　作品社
Mead, M.　1935　*Sex and temperament in three primitive societies*. London : Routledge & Keganpaul.
日本性教育協会（編）　1997　若者の性はいま…－青少年の性行動第4回調査－　（財）日本性教育協会
日本性教育協会（編）　2001　「若者の性」白書－第5回青少年の性行動全国調査報告－　小学館
関　智子　1998　「男らしさ」の心理学－熟年離婚と少年犯罪の背景－　裳華房
Scammon, R. E.　1930　*The measurement of man*. University of Minnesota Press.
総務庁青少年対策本部　1999　世界の青年との比較からみた日本の青年－第6回世界青年意識調査報告書－　大蔵省印刷局
Tanner, J. M.　1978　*Foetus into man : Physical growth from conception to maturity*. Openbooks. 熊谷公明（訳）1983　小児発達学－胎児から成熟まで－　日本小児医事出版社
豊田正義　1997　オトコが「男らしさ」を棄てるとき　飛鳥新社
渡辺恒夫　1986　脱男性の時代－アンドロジナスをめざす文明学－　勁草書房

3章
成長する私 −「自己」の形成と確立−

諸井克英

　われわれが自然に認識している自分は，実は生誕以来の同一のものではなく，連続的に発展・変容してきた一つの結果である。「自己」の心理学的体系化を初めて試みたジェームス（James, 1892）は，「客我」と「主我」を区別した。「客我」は，物質的客我（身体，衣服，直接的近親の家族，家），社会的客我（仲間から受ける認識），精神的客我（自分の意識状態，心的能力）から構成される。その物質的客我の中心である身体ですら，実は発達的に認識されるようになるのである。

　例えば，柏木（1983）は，誕生後にどのように「自己」が形成されていくかに関する心理学的研究を概観したが，自己の身体の認知について次のように述べている。チンパンジーを初めて鏡の前に立たせると，そのチンパンジーは，鏡に映った自分の姿に対して，他のチンパンジーがいるときと同じ反応をする。この「経験」を反復させると，チンパンジーはその姿が自分であると認知するようになる。人間の場合には，ほぼ2歳くらいの段階で鏡映像が自分である

ことを理解できる。興味深いことに，その自己認知よりも先に他者の鏡映像が認知できるようになる。つまり，「自分が直接経験している自己」と「他者の一人としての自己」を分離して認識することには一定の困難がある。

このように「身体的自己」の認識ですら発達的な成長に伴って出現するのである。青年期は，それまでに培われてきた「自己」が揺らぐ時期と見なすことができる。青年期を「個性化の第二段階」として捉えたブロス（Blos, 1962）は，この段階が「孤立, 孤独, 混乱の感情」によって彩られることを指摘している。この章では，青年期に新たに創出される「自己」の側面と変貌について論じよう。

1 青年期における「自己」

(1) 青年期における「自己」の特徴

青年期の範囲を再吟味した加藤（1987）によれば，①青年期の拡大と区分変化，②児童期から成人期への連続性，という問題を指摘できる。かつては，青年期の範囲は，「12, 3歳ごろから22, 3歳ごろまでの時期」とされていた（加藤, 1973）。しかし，青年期の開始にとって重要である身体的発達や性的成熟が前傾傾向にあることから，小学校高学年くらいに青年期の始まりをみることもできよう。また，青年期終結についても，経済的自立や結婚の点から青年期が延長されていると判断できる。これらのことを踏まえ，加藤（1987）は，青年期の前期，中期，後期を，それぞれ「11～16歳頃」，「20～21歳頃まで」，「25～26歳頃まで」とする新たな区分を提案している。

児童期から成人期への連続性に関わる問題は，子どもと大人とい

う異質な集団間の移行に伴う心理的危機が「神話」にすぎないという主張に関わる。たとえば，性的成熟が必ずしも情緒的動揺を引き起こさない（加藤，1987）。つまり，子どもから大人への変化は，連続的なのである。この②の問題は，青年期に特有の心性が普遍的に存在するかという問題である。

ところで，エリクソン（Erikson, 1959）は，「自己」の発達について「人間の生涯」の観点から体系化した。エリクソンは，人間の発達を8段階に分け，各発達段階固有の発達課題を達成しなければ次の段階に進めないと考えた。これを表3-1に示す。前田（1981）によれば，エリクソン理論は，次のような特徴をもつ。

①**人格漸成論**：心理社会的な発達段階を仮定し，人格が段階的に形成される。
②**人生周期**：発達課題は肯定的なものと否定的なものの両極対で表され，両者のバランスが重要である。この課題は，危機をもたらし，克服は次の発達段階への進展，失敗は病理の発生を意味する。
③**相互性**：生得的な環境対処の調整メカニズムが仮定され，たとえば幼児の危機克服には母親の養護が必要であり，母親はその養護によって自己成長するという関係にある。
④**世代継承**：親との相互性を通して，社会・歴史・文化的価値観の世代継承が行われる。
⑤**徳目の想定**：当該社会の価値を守る能力である自我活力つまり徳目が段階的に発達する。

表3-1から分かるように，エリクソンによれば，青年期では，

表3-1 発達段階と固有の発達課題（Erikson, 1959より）

Ⅰ．乳児期	〈信頼 vs 不信〉	Ⅴ．青年期	〈同一性 vs 同一性拡散〉
Ⅱ．早期児童期	〈自律性 vs 恥・疑惑〉	Ⅵ．初期成人期	〈親密さ vs 孤立〉
Ⅲ．遊戯期	〈積極性 vs 罪悪感〉	Ⅶ．成人期	〈生殖性 vs 自己吸収〉
Ⅳ．学齢期	〈生産性 vs 劣等感〉	Ⅷ．成熟期	〈完全性 vs 嫌悪・願望〉

「同一性 vs 同一性拡散」が主要な発達課題となる。この時期は，「内的な不変性と連続性を維持する各個人の能力が他者に対する自己の意味の不変性と連続性とに合致する経験から生まれた自信」である自我同一性感覚が生じる時期である。

この他，エリクソン（Erikson, 1959）は，青年期の発達課題として次のものを挙げている。

「時間展望 vs 時間拡散」：自分の未来と過去を調整しながら，未来の可能性を現在の可能性と統合する。
「自己確信 vs 同一性悪感」：人に見られているという自己意識が，危機克服経験によって育まれる同一性感覚によって得られる自己確信によって克服される。
「役割実験 vs 否定的同一性」：多くの可能性に直面している自分や，乏しい可能性しかない自分を見出し，役割固定経験となるので，適度な役割実験が重要となる。
「達成の期待 vs 労働麻痺」：仕事役割の適切な選択が行われないと，自分の全体的能力に関する不適合感が生じ，極度な労働麻痺に陥る。
「性的同一性 vs 両性的拡散」：親密な異性との関係を期待する中で，性的分極化が生じる一方で，性別に伴う諸属性の曖昧化という両性的拡散が起こる。
「指導性の分極化 vs 権威の拡散」：社会参加によって指導性が要求されるようになるとともに，自分固有の価値体系化が権威の拡散をもたらす。
「イデオロギーの分極化 vs 理想の拡散」：特定のイデオロギーへの関与によって，自分の中での価値統一感覚と個人と社会との価値の調和がはかられる。

砂田（1979）は，エリクソンによるこれらの定義に基づき，青年期の「同一性混乱」の個人差を測定するために34項目から成る尺度を作成した。その後，松田・広瀬（1982）は，この尺度を中学，高校，大学の段階の男女に実施し（砂田の場合は男子大学生に限定），同一性混乱が中学期から増大し始め，高校期に最も顕著となり，その後減少する全体的傾向を認めた。

マーシャ（Marcia, 1966）は，①危機（当人にとって意味のある複数の可能性について迷い，決定しようとする苦悩経験の有無）と②傾倒（自分の考えを明確に表明したり，それに基づき行動すること）という二つの側面から，当該の青年の自我同一性状態を判別しようとした。被験者に職業，宗教，政治の領域に関する危機経験と傾倒の程度を半構造化面接によって尋ね，被験者の「自我同一性地位」を決定する方法が考案された。彼による自我同一性地位の分類を表3-2に示す。無藤（1979）は，宗教領域の代わりに価値観領域を設けたり，危機や傾倒の評価方法を工夫するなどして，マーシャの方法を改善した。

加藤（1983）は，マーシャのような面接による類型化ではなく，質問紙による分類法を考案した。加藤は，まず①現在の自己投入，②過去の危機，③将来の自己投入の希求という三つの側面を設定し，彼は，それぞれの側面の程度を測る同一性地位判別尺度を作成した。各側面の測定項目の一部を以下に示す。

〔現在の自己投入〕
　私は今，自分の目標をなしとげるために努力している

表3-2　マーシャによる自我同一性地位の分類（無藤，1979より）

自我同一性地位	危　　機	傾　　倒
同一性達成	経験した	している
モラトリアム	その最中	しようとしている
早期完了	経験していない	している
同一性拡散		
危機前	経験していない	していない
危機後	経験した	していない

表 3-3　自我同一性地位の判別手順 （加藤，1983 より）

現在の自己投入	過去の危機	将来の自己投入の希求	
Ⅰ　高い 　　（20 点以上）	高い （20 点以上）		→「同一性達成」地位
Ⅱ　高い 　　（20 点以上）	中程度 （15-19 点）		→「同一性達成－権威受容」中間地位
Ⅲ　高い 　　（20 点以上）	低い （14 点以下）		→「権威受容」地位
Ⅳ　低い 　　（19 点以下）	――――	高い （20 点以上）	→「積極的モラトリアム」地位
Ⅴ　かなり低い 　　（12 点以下）	――――	かなり低い （14 点以下）	→「同一性拡散」地位
Ⅵ　「Ⅴ」にあて 　　はまらない者			→「同一性拡散－積極的モラトリアム」地位

各基準の得点範囲：4-24 点

〔過去の危機〕
　私はこれまで，自分について自主的に重大な決断をしたことはない
〔将来の自己投入の希求〕
　私は，一生けんめいにうちこめるものを積極的に探し求めている
　（各尺度は上に示した項目を含め，各 4 項目から構成される）

表 3-3 に示す手順に従いそれぞれの水準を組み合わせることによって，当該の者の自我同一性地位を判定できるようにした。

以上に述べたように，青年期は，「同一性 vs 同一性拡散」という「自己」の揺れ動きの中で，格闘する時期として位置づけることができる。

(2)　社会的比較と「自己」の形成

友だちをもつことは，一定の同質性や生物学的な絆を基盤とする家族関係の中では得られない役割をはたす。松井（1990）は，青年の社会化における友人関係の機能について次のようにまとめている。

安定化の機能：緊張を解消し，不安を和らげる

社会的技能の学習機能：他者一般に対する相互作用の技術の学習機会を提供する

モデル機能：対等でありながら異質な存在として，新しい世界を理解するための手本となる

青年期に入ると，「友だち」という，年齢などの点で基本的に社会的には対等でありながら，未知の心をもつ他者に直面することによって，新たに自分自身を拡大・形成していくのである。

フェスティンガー（Festinger, 1954）は，次のことを骨格とする社会的比較理論を提起した。

①人は自分の意見や能力を評価しようとする欲求をもつ。
②比較のための客観的基準がない場合には，他者との社会的比較が必要となる。
③社会的比較は，類似した他者を対象として行われる。

つまり，他者との比較は，自分の中の不確かさを明確にするという働きをもつために，自己形成に重要な働きをする。

高田（1994）は，大学生が日常的にどのような社会的比較を行っているかを調べた。結果の一部が表 3-4 に示してある。客観的基準によって評価ができないものを評価するために，とりわけ親しい者との間で社会的比較が営まれている様がうかがわれる。また，高田は，大学生と成人（幼稚園児の親，平均年齢 35.0 歳）に社会的

表 3-4 大学生における社会的比較（高田, 1994 より）

〔比較対象〕	
容姿・外見	23.6
能力	17.7
態度・意見	16.0
性格	16.0
〔比較相手〕	
友人	34.1
周囲の他者	24.6
非類似他者	14.3
類似他者	13.5
〔比較理由〕	
自己評価	32.1
自己高揚	25.2
関係への配慮	11.5
不確実性の低減	10.7

男子 $N=40$，女子 $N=65$

比較の頻度を4段階で尋ねた。平均値をみると,大学生2.88,成人2.56で,大学生のほうが社会的比較を頻繁に行っているといえた。さらに,高田(1993)は,自己のさまざまな側面についての自己評価基準を何に求めるかを大学生や一般成人に尋ねた。その結果,一般成人に比べ,大学生が「同年齢の他者」を基準にする傾向が見出された。

ただし,「自己」の形成が社会的比較によってのみ行われるわけではない。高田(1995)は,①事物,②自分自身,③他者,④集団が「自己」の形成の際の手がかりに使われると指摘した。そのうえで,手がかりの相対的重要性を調べる研究を行った。人の特徴を表す肯定的形容詞と否定的形容詞各75個から自分にあてはまる特徴をそれぞれ5個ずつ選ばせた。選択した特徴それぞれについて,そのように認識するようになった原因を次のうちから選択させた。

①自分自身の行動・感情や,それが起こった状況を自らふりかえる〈自己観察〉
②他の人が自分に対して直接・間接に言うことや,自分に示す反応による〈社会的フィードバック〉
③自分の行動や意見を他の人と比較する〈社会的比較〉

表3-5に示すように,この結果を米国の結果(Schoeneman, 1981による)と比較したところ(高田,1992),興味深い傾向が認められた。米国の青年の場合は,大半の者が自己特徴の認識が自己観察に

表3-5 自己特徴形成の手がかりの日米比較 (高田, 1992より)

	自己観察	社会的フィードバック	社会的比較
日本人大学生	50.2	23.6	26.2
米国人大学生[a]	70.2	18.8	10.7

数値は平均選択率(%)
a:Schoeneman(1981)による

よると考えているのに，日本青年では，社会的フィードバックや社会的比較つまり周囲の他者に基づく自己認識が少し高かった。日本人大学生と米国人大学生を比較した高田（1993）の研究では，日本人大学生が「同年齢の他者」を重視するのに，米国人大学生の場合には「年齢の異なる他者」との比較や「継時的比較（以前の自分との比較）」が優勢であった。

以上に述べたように，「自己」は，他者の存在や状況との絡み合いの中で形成されるのである。

2 「理想」とする自分との格闘

加藤（1973）によれば，青年期は「児童期的な世界の否定の上に成り立つ」。つまり，「第二の誕生」と言われるように，新しい自己の探索が開始される。「特殊の新しいものとして目を内界に向ける」ことが始まるのである。加藤は，①抽象的，論理的，批判的思考の著しい発達，②独立心や自主的な心構えの形成，③自己の内面への注意と人間の生き方の探索，という点での特徴を指摘している。

さらに，加藤は，青年期を三つの時期に区分して安定した「自己」がどのように確立するかを説明している。「内界」への注意は，それまで形成されてきた客観的世界を否定的にみるようにさせるばかりでなく，自我の脆弱さも認識させることになる。しかし，主観的世界への没頭によって，依然として客観的世界を否定視するものの自分自身の肯定的評価が生じるようになる。その後，客観的世界に目を向け，その世界での承認や自己実現を求めるようになる。つまり，表3-6に示すように，「客観と主観の転回」が起こるのである。

ロジャーズ（Rogers, 1951）は，現実自己〈個人が現実にこうで

表 3–6　青年期における内面的世界の形成 （加藤，1973より）

青年前期	客観・主観両方の否定の時期
青年中期	客観は否定するが，主観を肯定する時期
青年後期	主観・客観を肯定する時期

あると自ら認めている自己〉と理想自己〈個人がこうありたいと思っている自己〉とのくいちがいの関数として適応を捉えた（遠藤，1991）。もともとロジャーズは，現実自己と理想自己との乖離の問題を臨床的枠組みの中で提起したが，遠藤（1991）が整理しているように，今では認知心理学の枠組みの中に取り込まれて盛んに研究されるようになった。

　理想自己とは，単に「こうありたい自己」だけでなく，「こうありたくない自己」をも含むことが明らかにされている。遠藤（1987）は「負の理想自己」に関する一連の実験を行った。第一実験では，性格特性語をコンピューター画面に呈示し，「その語が表すような性格でありたい（正の理想自己）」，「ありたくない（負の理想自己）」，「考えたことがない（無関連）」の三択判断をボタン押しによって行わせた。判断の潜在時間を比較すると，正の理想自己や負の理想自己の判断は，迅速に行われていた。再生や再認の点では，「正の理想自己」，「無関連」，「負の理想自己」の順に成績がよかった。また，「正の理想自己」に関する語では，提示語と非提示語の混同を表す「虚再認効果」が得られた。その他，この研究では，①「正の理想自己」と「負の理想自己」ともに同等に多様な情報が豊富に貯蔵されている（第二実験），②「負の理想自己」に関する負の感情が「現実自己」の認知抑制をもたらす（第三実験）など，「正」「負」の理想自己の独立した側面が明らかにされた。

　さらに，彼女は，男女大学生を対象とした質問紙調査によって以

下の仮説を検討した（遠藤，1992）。

仮説 a：「正の理想自己」と「現実自己」とのくいちがいは自尊心と負の関係にある。

仮説 b：「負の理想自己」と「現実自己」とのくいちがいは自尊心と正の関係にある。

表3-7に示すように，二つの仮説は支持された。さらに，2種類のくいちがいの相対的影響を偏相関分析によってみたが，「負の理想自己」と「現実自己」とのくいちがいのほうが自尊心に相対的に影響をもたらしていることが見出された。つまり，「なりたくないものになっていないか」ということが高い自尊心の維持に重要なのである。

水間（1998）は，「理想自己」の二つの機能に着目した。①「理想自己」は，自己評価の内的基準として機能する。②「理想自己」は，「自己の発展の可能性への意識の強さ」を意味している。この二つの側面に応じて，彼女は，次の仮説を設け，男女大学生を対象に検討した。

仮説 a：「理想自己」と「現実自己」とのくいちがいは自尊心と負の関係にある。

仮説 b：「理想自己」と「現実自己」とのくいちがいは自己形成意識と正の関係にある。

表3-7 「理想自己」と「現実自己」のくいちがいの大きさと自尊心との関係（遠藤，1992より）

	ーくいちがいー	
	「正の理想自己」と「現実自己」	「負の理想自己」と「現実自己」
単純相関	$-.297\ p<.01$	$.360\ p<.01$
偏相関[a]	$-.215\ p<.05$	$.299\ p<.01$

$N=110$
a：「正」あるいは「負」のくいちがい得点を統制

ここでの自己形成意識とは,「未だ実現していない可能性,これからの自分自身のあり方への期待など,自己形成に対する積極的意識」のことであり,水間の研究では,「可能性追求」(「自分の能力を最大限に伸ばせるよう,いろいろなことをやってみたい」,「自分を向上させていけるよういろいろなことをやっていきたい」など5項目で測定),「努力主義」(「努力して,理想の自分に向かっていこうと思う」,「自分の理想に向かってたえず向上していきたい」など7項目で測定)で定義される。

彼女は,仮説aが支持されることを確認したうえで,実現しそうな理想自己をもつ程度によって被験者を分割し,自己形成意識との関連をみた。その結果,高い理想自己の設定は,自分自身の可能性の追求動機づけを高めるものの,実際にそれに向かっていく態度とは無関連であった。つまり,仮説bは部分的に支持された。

いずれにせよ,「理想自己」と「現実自己」との折り合いは,青年期が「自己」自体が揺らぐ時期であることを考えると,重要な心理的課題となるといえよう。

3 変貌する「自己」

「自己」は,特定の社会や文化の中で育まれる。このことは,社会や文化の条件が異なれば,その環境特有の「自己」が形成されることを意味し,このような自己の側面を「文化的自己観」と呼ぶ(北山・唐澤,1995)。文化的自己観は,当該の文化で生きる人々にとって,「物事に意味を与え,それについて考え,感じ,あるいはそれらに対して実際に行動する際の『準拠枠』」を提供してくれる。北山・唐澤(1995)によれば,この文化的自己観の典型として,

「相互独立的自己観」と「相互協調的自己観」を挙げることができる。前者は西洋文化で，後者は東洋文化で優勢とされる。

相互独立的自己観：他の人やまわりのこととは切り離された実体として「自己」が存在する。その「自己」は，状況と独立に存在する主体のもつ種々の属性によって定義される。

相互協調的自己観：「自己」は，他の人やまわりのことと結びついた高次の社会的ユニットの構成要素となる関係志向的実体である。状況や他者との関係性の中で意味づけられる自分の属性が「自己」の中心的定義を構成する。

高田（1999）は，文化的自己観の二つの側面である相互独立性と相互協調性を測定する尺度を，小学5・6年生，中学1-3年生，高校1-3年生，大学1・2年生に加え，20・30歳代，40・50歳代，および60歳以上の者を対象に実施した。その結果，次のような傾向を見出した。

① 〈**相互独立性**〉：児童期後期から青年前期にかけて低下し，青年中後期には低水準を維持した後，若年成人期以降は上昇する。
② 〈**相互協調性**〉：児童期後期から青年前期にかけて低下するが，青年中後期には高水準を維持した後，成人期で減少し，老人期で再上昇する。

さらに，高田は，西欧の大学生（オーストラリア，カナダ）との比較も試み，次のような傾向を認めた。

③ 日本人青年は，西欧人青年に比べ，相互独立性が低く相互協調性が高い。

③の点は，文化的自己観の考えを支持する。また，①や②にみられる変化の差異は，二つの自己の弁別性の根拠となるが，相互独立性が若年成人期以降に上昇傾向をみせる点などは文化的自己観の考えを一義的には支持しない。

また，高田（1993）は，相互依存的自己理解が優勢な者が自己評価に際して「同年齢の他者」との比較を多用することを認めた。こ

れは，周囲の他者との関係の中で自己を定位する日本人の特徴に一致するといえよう。

ところで，最近行われた国際比較調査（日本青少年研究所，2001）の結果をみると，表3-8 から明らかなように，わが国の中学・高校生は「自分自身」に対する満足感がかなり低かった。これは，加藤（1973）が指摘するような「内界」への注意がわが国の青年では過度に起きている可能性があることを示しているかもしれない。

しかしながら，自己形成のメカニズムに文化差があるにせよ，メディアの発達・普及を媒介とした文化のボーダレス化がわが国の青年の自己形成のあり方を変容させていくことは間違いないだろう。

ところで，老松（1997）は，わが国の昔話の一つである『つる女房』の精神分析学的解釈に基づき，「中心-定住的な自我」と「漂泊する自我」を仮定した。「中心-定住的な自我」とは，意識の場の中で中心にあり続けようとする自我であり，いわば意識の場の「定点観測」点として機能する。つまり，この自我は，「客観的な認識にもとづくかなりの恒常性と絶対性をもった世界」から構成され

表3-8　中学生と高校生における「自分自身」への満足度
（日本青少年研究所，2001 より）

	日本	米国
非常に満足	10.2	32.8
満足	12.9	56.0
普通	44.9	7.8
満足でない	24.8	1.5
全く不満	6.3	1.5

数値は百分率
実施時期：2000 年 7 月
対象：日本 $N=884$，米国 $N=871$

ている。「漂泊する自我」は，意識の場や周辺を「一所不在」的に移動し続けるため，一定の内容をもたない。あくまでも，「諸内容との関係の相対性」があるだけで，絶対的なものはない。老松は，「中心‐定住的な自我」に『つる女房』の男，「漂泊する自我」につるを象徴化する。

　老松は，「漂泊する自我」の体現者として「芸能の民」や「山の民」などを指摘する中で，日本人の一般的心性を「半定住的自我」と特色づける。老松によるこの視点は，もともと精神分析的自己論の範疇に含められるが，彼の意図を越えて，現代青年の心性の現況を説明できるかもしれない。

　最近，携帯電話機に装備されたメール機能を利用した「メル友」現象に伴う事件が続発している（京都新聞，2001 など）。諸井 (2000) に従えば，これは，「身体化された」装置としての携帯電話機の飛躍的普及に伴って「日常生活の病理」が投射されたと解釈できる。この現象は，日常を越えた空間での出会いを「幻想」することに本質があるといえる。老松の考えを援用すると，「漂泊する自我」の感覚を日常の中に固定されながら得ることができるのである。この「メル友」現象は，「出会い系サイト」をきっかけとする少女たちの「プチ家出」現象へと「発展」しており（毎日新聞，2001 など），まさに「自我」のみならず身体を伴った「漂泊」が起きている。

　われわれの「自己」は，時代条件の中でさまざまな「表現型」をもつといえる。木村 (1998) は，明治期において「壮士」に対置された「青年」概念を論じることによって，その時期の若者の心性を解読しようとした。「壮士」とは社会や政治に対する「悲憤慷慨」を主感情として登場した一団である。それを批判・超克する形で

「青年」の概念が登場する。「青年」は，自分のすべてを把握してくれる「真友」を絶えず求め，その結果として自己の「内面」をつねに対象化する。これは，まさに青年心理学で想定されている「青年像」である。ここで重要なのは，木村が指摘しているように，雑誌メディアを通してこの「青年像」が流布されたことである。つまり，時代条件の中で「青年」が登場したのである。したがって，時代条件によって新たに創出されたかにみえる「青年期の自己」の側面を①その基底にある普遍性と②時代条件による独自成分に分解しながら，青年期における「自己の変貌」を解読する必要があるだろう。

引用文献

Blos, P. 1962 *On adolescence : A psychoanalytic interpretation*. Free Press. 野沢栄司（訳）青年期の精神医学 1971 誠信書房

遠藤由美 1987 特性情報の処理における理想自己 心理学研究, **58**, 289-294.

遠藤由美 1991 理想自己に関する最近の研究動向－自己概念と適応との関連で－ 上越教育大学研究紀要, **10**, 19-36.

遠藤由美 1992 自己評価基準としての負の理想自己 心理学研究, **63**, 214-217.

Erikson, E. H. 1959 *Psychological issues : Identity and the life cycle*. International University Press. 小此木啓吾（訳編）自我同一性－アイデンティティとライフ・サイクル－ 1973 誠信書房

Festinger, L. 1957 A theory of social comparison process. *Human Relations*, **7**, 117-140.

James, W. 1892 *Psychology, briefer course*. 今田 寛（訳）心理学〈上〉 1992 岩波文庫

柏木恵子 1983 子どもの「自己」の発達 東京大学出版会

加藤 厚 1983 大学生における同一性の諸相とその構造 教育心理学研究, **31**, 292-302.

加藤隆勝 1973 青年期の発達心理学的考察 依田 新他（編）青年期の発達的意義（現代青年心理学講座第3巻） 金子書房 Pp. 1-50.

加藤隆勝 1987 青年期の意識構造－その変容と多様化－ 誠信書房

木村直恵　1998　〈青年〉の誕生－明治日本における政治的実践の転換－　新曜社

北山　忍・唐澤真弓　1995　自己－文化心理学的視座－　実験社会心理学研究, **35**, 133–163.

京都新聞　2001　「メル友」犯罪　後絶たず　5月16日朝刊

前田重治　1981　自我概念の展開と同一性　遠藤辰雄（編）　アイデンティティの心理学　ナカニシヤ出版　Pp. 34–44.

Marcia, J. E.　1966　Development and validation of ego–identity status. *Journal of Personality and Social Psychology*, **3**, 551–558.

毎日新聞　2001　プチ家出－「出会い系サイト」で増加－　7月1日朝刊

松田君彦・広瀬春次　1982　青年期における自己像と自我同一性　教育心理学研究, **30**, 157–161.

松井　豊　1990　友人関係の機能　斎藤耕二・菊池章夫（編）　社会化の心理学ハンドブック－人間形成と社会と文化－　川島書店　Pp. 283–296.

水間玲子　1998　理想自己と自己評価及び自己形成意識の関連について　教育心理学研究, **46**, 131–141.

諸井克英　2000　情報通信の病理－親和コミュニケーションの彷徨－　廣井脩・船津　衛（編）　情報通信と社会心理　北樹出版　Pp. 155–172.

無藤清子　1979　「自我同一性地位面接」の検討と大学生の自我同一性　教育心理学研究, **27**, 178–187.

日本青少年研究所　2001　新千年生活と意識に関する調査－日本・韓国・アメリカ・フランス国際比較－　財団法人日本青少年研究所

老松克博　1997　漂泊する自我－日本的意識のフィールドワーク－　新曜社

Rogers, C.　1951　*Client-centered therapy*. Boston : Houghton.

Shoeneman, T.　1981　Reports of the sources of self-knowledge. *Journal of Personality*, **49**, 284–294.

砂田良一　1979　自己像との関係からみた自我同一性　教育心理学研究, **27**, 215–220.

高田利武　1992　他者と比べる自分　サイエンス社

高田利武　1993　青年の自己概念形成と社会的比較－日本人大学生にみられる特徴－　教育心理学研究, **41**, 339–348.

高田利武　1994　日常事態における社会的比較の様態　奈良大学紀要, **22**, 201–210.

高田利武　1995　自己認識方途としての社会的比較の位置－日本人大学生に見られる特徴－　奈良大学紀要, **23**, 259–270.

高田利武　1999　日本文化における相互独立性・相互協調性の発達過程－比

較文化的・横断的資料による実証的検討─ 教育心理学研究, **47**, 480-489.

4章　彷徨する親子関係 −巣立ちする私−

諸井克英

青年期は、それまでの親との関係から友だちとの関係へと対人関係の中心が移行する時期といえる。しかし、親子関係が消失するわけではなく、新たな親子関係が構築されるのである。その意味で、親という「巣」からの飛び立つ時期である青年期の親子関係は、心理学的に重要な問題であろう。この章では、親子関係の心理学的特徴について述べたうえで、わが国の親子関係の変容を理解するための有力な鍵となり得る自己愛についても言及する。

1　親子関係の心理学的重要性

（1）親からの心理的独立

青年期の親子関係は、「一方向的な権威の型」から「相互性の型」に向けた親子間の新たな相互作用によって、青年期前期から成人期にかけて変容する（久世・平石, 1992）。その中で、まず注目されるのが親からの「巣立ち」つまり「心理的独立」意識の形成である。

加藤・高木（1980）は，中学生から大学生までの「独立意識」の変化を検討した。彼らは，主成分分析によって独立意識が3側面から成ることを明らかにした。各側面とその測定項目の一部を次に示す。

〔独立性〕
　自分の人生を自分で築いていく自信がある
　自分自身の判断に責任をもって行動することができる
　など10項目から構成
〔親への依存性〕
　親といるだけで何となく安心できる
　困った時は親に頼りたくなる
　など5項目から構成
〔反抗・内的混乱〕
　両親を理解しようと思うのだが，つい反抗し，けんかになることが多い
　親や先生の言うことには，たとえ正しくても反対したくなる
　など5項目から構成

表4–1には，3側面ごとの平均値が示してある。「独立性」は男女ともに各発達段階を通して高く，中学生の頃からすでに高い独立意識が形成されているといえる。「親への依存性」では，女子でのみ有意な変化が認められ，高校生や大学生になると親への依存意識が強くなる。「反抗・内的混乱」については，男女ともに，中学生，高校生，大学生と進むにつれ得点が高くなる傾向が見出された。

　ところで，小高（1993）は，青年期の親子関係の変遷について興味深い知見を提出した。彼女は，小嶋（1969）が収集したデータを利用して25年間の親子関係認知の変化を検討した。18尺度192項目から成る質問紙を用いて，中学生（小嶋では2年生，小高では2・3年生）が父親と母親それぞれについて評定した。

　正準判別分析によって，「息子→父親」（男子が父親を評定），「娘

表4-1 独立意識の発達的変化（加藤・高木,1980より）

	中学生	高校生	大学生
〔男子〕	$N=212$	$N=263$	$N=140$
独立性[a]	34.24	34.35	35.19
親への依存性[b]	14.14	13.34	13.37
反抗・内的混乱[b]	13.90	13.05	11.86
〔女子〕	$N=174$	$N=160$	$N=106$
独立性[a]	33.04	34.06	33.19
親への依存性[b]	14.64	15.80	15.73
反抗・内的混乱[b]	13.80	11.98	11.16

得点範囲:a〈10〜50〉;b〈5〜25〉
首都圏サンプルに限定

→父親」,「息子→母親」,「娘→母親」の4群判別が検討された。その結果,小嶋,小高の両データで有意な2軸が検出されたが,その2軸の意味合いは次のように異なっていた。

〔小嶋のデータ〕
第Ⅰ正準量:親が子どもを愛するがゆえに,子どもを自分のものにしたいという認知
第Ⅱ正準量:親の感情的な側面と放任の側面
〔小高のデータ〕
第Ⅰ正準量:親が子どもに受容的に接するか拒否的か
第Ⅱ正準量:親による感情的統制

4群の正準変量平均値をみると,小嶋のデータでは第Ⅰ軸は「対母親>対父親」,第Ⅱ軸は「息子>娘」という明確な位置づけが得られた。ところが,小高のデータでは第Ⅰ軸は「娘→母親>その他の3群」,第Ⅱ軸は「息子→母親>娘→父親」という対比となり,父親役割の不明確化がみられた。

さらに,両データでの尺度平均値の比較から,小高は次のような

傾向を見出した。

息子→父親：父親からの心理的な統制や，同一化が強くなっている。
息子→母親：母親からの感情的な統制が強まっているが，母親が子ども中心の養育態度をもたないと認知されるようになっている。
娘→父親：父親からの感情的統制が強いと見なされるようになった反面，しつけの甘さや放任さが認知されている。
娘→母親：母親の感情的統制が強まっているが，放任も認められている。

また，小高（1998）は，親子関係に関する意識変化の力動的過程の一端を明らかにした。彼女は，先行研究に基づいて作成された105項目から成る質問紙を用いて，男女大学生に父親と母親を評定させた。「息子→父親」，「娘→父親」，「息子→母親」，「娘→母親」の条件に分けて，因子構造が検討され，親に対する態度・行動の基本構造が次の5側面から成ると判断された。①親からのポジティブな影響，②親との対立，③親への服従，④親との情愛的絆，⑤1人の人間。そのうえで，2次因子分析が試みられ，「親への親和志向」と「親からの客観的独立志向」の2次元が抽出された。小高は，図4-1に示すように，親子関係の4類型を提起し，A型からD型への移行が基本過程であると結論した。

(2) 親の日常的養育態度

小野寺（1993）は，親が子どもにどのような関わりをもつか，つまり「養育態度」の観点から親子関係を検討した。日米大学生が対象とされ，子どもの側からの親子関係の認知が問題にされた。父親と母親に対する関係認知が，いずれでも「情緒的結びつき」と「統制」の2側面から成ることを確認したうえで，それらの強さの比較を行った。まず，日本人の場合には，「統制」の点では男女差はな

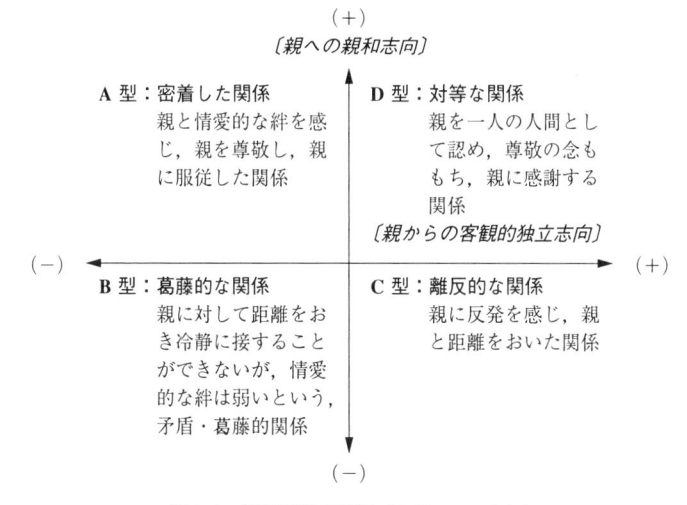

```
                    (＋)
                〔親への親和志向〕

  A 型：密着した関係        D 型：対等な関係
    親と情愛的な絆を感        親を一人の人間とし
    じ，親を尊敬し，親        て認め，尊敬の念も
    に服従した関係            もち，親に感謝する
                              関係
                          〔親からの客観的独立志向〕
(－) ←――――――――――――――――――――→ (＋)
  B 型：葛藤的な関係        C 型：離反的な関係
    親に対して距離をお        親に反発を感じ，親
    き冷静に接すること        と距離をおいた関係
    ができないが，情愛
    的な絆は弱いという，
    矛盾・葛藤的関係

                    (－)
```

図 4-1 親子関係の類型（小高，1998 より）

いのに，「情緒的結びつき」では，父親や母親のいずれに対しても，男子の評価が低い傾向が認められた。また，日米比較では，日本人が米国人よりも父親や母親を「統制」的であると見なす傾向があった。

徳田（1987）は，男女高校生（1 年生）の自尊心が両親の養育態度の認知パターンとどのような関連があるかを検討した。

息子→父親：父親が「自律性」（親が子どもの自律性を尊重する傾向）を制限する傾向が強い場合には，父親の「同一化」（親が子どもと一体感をもち，親の延長線上に子どもを位置づける傾向）が弱いほうで自尊心の高い子どもが多い。

娘→母親：母親の「同一化」が弱い場合には，母親の「統制性」（子どものしつけや，訓育するなどの厳しさ）が強いほうで自尊心の低い子どもが多い。

要するに，自律性の制限や統制性という「厳格さ」と，同一化とい

う「子どもとの一体感」の希薄さの共存は,「息子 – 父親」関係では肯定的に作用し,「娘 – 母親」関係では否定的に働くのである。

(3) 親子間の愛着

　ボウルビィ（1969）は，母子関係に関する種々の知見を「愛着」という概念の下で統合し,「母性的人物の喪失」が「精神医学的に興味深い諸反応を引き起こす」こと，つまり，幼少期の「母性的人物との分離経験」が「将来の人格障害」につながると結論づけた。彼の理論によれば，個人が目標達成を効果的に行うためには，現実世界の操作を可能とする「内的ワーキング・モデル」が形成されなければならない（Bowlby, 1969）。「内的ワーキング・モデル」とは,「愛着人物」との一定の相互作用を通して人の内部に形成される心的表象を意味する。この「モデル」の中核には,「愛着人物」に関するモデルがある（Bolwby, 1973）。これにより，愛着人物に援助を求めたときに，彼らが「どのように応答してくれるか」を予測できる。結局,「母性的人物に対するいくつかの基本的な表象」（Bowlby, 1980）の形成が重要とされ，幼少期における母親の役割が「重要視」されることになる。

　心理学的には興味深いボウルビィの考えは,「世界保健機関（WHO）」への報告書という形で世界的に流布され，幼児期の子どもを抱える母親を家庭にとどまらせる「言説」として機能した（Eyer, 1992）。

　佐藤（1993）は，親に対する愛着に加え,「親以外の人で一緒にいると安心できる人」に対する愛着の程度を測定し，他者一般に対する対人的構えとの関連を調べた。中学生，高校生，大学生の段階にある男女が対象とされた。

愛着については，因子分析によって「親」と「親以外」でそれぞれ3側面が抽出された。以下に，各側面の測定項目の一部を記す。

－親に対する愛着－
〔不信・拒否〕
　親からあまり好かれていないように感じることがあった
　親のことが好きだった
　など8項目から構成
〔安心・依存〕
　心配事や悩みがあるとき，それを親に話した
　親に何かを相談したり，親の意見を聞いたりすることは少なかった
　など6項目から構成
〔分離・不安〕
　親がそばについていてくれないと不安だった
　親から離れてひとりで行動するのはこわかった
　など4項目から構成

－親以外の人に対する愛着－
〔不安〕
　その人には，私以外の誰とも，あまり親しくしてほしくないと思う
　その人には，私の知らない世界を持ってほしくないと思う
　など7項目から構成
〔安心・依存〕
　心配事や悩みがあるとき，その人に話したいと思う
　その人にはげましてもらうと元気がでる
　など5項目から構成
〔拒否〕
　私はその人に，本当には心を許していない部分がある
　その人には，本当の私は，理解できないと思う
　など5項目から構成

これらの各側面について，発達段階間の比較が行われた。親への愛着では，年齢が上がるほど，「不信・拒否」が低くなり，「安心・依存」が高くなった。親以外の人への愛着では，年長になるほど，「安心・依存」が高まる傾向がみられた。

次に，親では「不信・拒否」と「安心・依存」，親以外の人では「拒否」と「安心・依存」を用いて各対象に対する全体的な愛着度得点を算出した。対人的構えとの関係をみると，次のような発達段階ごとの特徴が認められた。

〔中学生〕
①親への愛着による対人的構えの差異がみられる。
②両対象に対する愛着が適応的でない者は，良好でない対人的構えをもつ。

〔高校生〕
①親以外の対象への愛着による対人的構えの差異が現れる。
②両対象に対する愛着が適応的な者の対人的構えは良好である。

〔大学生〕
①親以外の対象への愛着による対人的構えの差異のみが認められる。

高木（1994）は，高校生と大学生を対象として，親や友だちに対する愛着と自我状態との関連を検討した。愛着に関しては，「対両親」，「対友だち」ともに，「疎外感」，「信頼感」，「コミュニケーション」の3側面から成ることが見出された。以下に親に対する愛着の3側面の構成項目の一部を示す。

〔疎外感〕
家では，何かにつけ，ついいらいらしがちである
両親に対して腹立たしい思いをすることがよくある
など11項目から構成

〔信頼感〕
両親は，困ったことが起きた時はすぐ話すように励ましてくれる
私が何かに腹を立てていると，両親は理解しようと懸命になってくれる
など9項目から構成

〔コミュニケーション〕
私はいつも両親に自分の悩みや問題を打ち明ける
問題解決にてこずった時など，よく両親に親としての意見を聞く
など6項目から構成

この3側面の得点を合成し(「信頼感」+「コミュニケーション」-「疎外感」)、両親と友だちについての「心理的安定感」得点をそれぞれ算出した。高校生と大学生の比較や、男女比較が行われ、親や友だちのいずれに対しても、大学生のほうが、また女子のほうが高い「心理的安定感」を示した。さらに、愛着と自我状態との関連をみるために、両親および友だちのいずれに対しても高い「心理的安定感」を抱いている者は、良好な自我状態を示した。

ヘイザンとシェーバー(Hazan & Shaver, 1987)は、先述したボウルビィによる「内的ワーキング・モデル」の考えに基づき、成人における愛着スタイルの概念を提起した。これを表4-2に示す。彼らは、新聞を利用して幅広い年齢層の者(14-82歳、平均36歳)から回答を得た。表の三つのスタイルのうちから回答者に最もあてはまるスタイルを一つだけ選択させ、その回答者のスタイルを同定

表4-2 愛着スタイルの定義(Hazan & Shaver, 1987より)

〔安定型〕
　私は、比較的簡単に他人と親しくなることができ、気楽に他人に頼ったり頼られたりすることができる。私は、見捨てられたり、誰かが私と親密になりすぎることに対して、ほとんど心配していない。
〔回避型〕
　私は、他人と親密になることに多少苦痛を感じる。私は人を完全に信頼することができないし、自分が他人に頼ることもできないと思う。私は、誰かと親しくなりすぎないように注意する。私に恋人がいたとしても、私が心地よいと感じる以上に私に親密さを求めようとしてくるといらいらするだろう。
〔不安/アンビヴァレント型〕
　私は、他人が、私が望むほどは親密になろうとしないと感じている。私に恋人がいたとしても、恋人が本当は私を愛していないのではないかとか、私と一緒にいたくないのではないかと心配になるだろう。私は、完全に他の人と一体になりたいと思う。しかし、このように望むために人々は私から遠ざかることが時々ある。

した。そのうえで，「自分にとって最も重要な人物」との関係の中での情動経験や，幼児期の親子関係を尋ねた。彼らは，大学生を対象とする同様の質問紙調査も実施した。

両サンプルともに，半数が安定型であった（一般サンプル：「安定型」56％，「回避型」25％，「不安／アンビヴァレント型」19％／大学生サンプル：56％，23％，20％／不適切回答者がいるため合計100％にならない）。ここでは，大学生の結果を中心に，情動体験や幼児期の親子関係についての三つのスタイル間の差異を述べる。

「重要人物」との関係での情動体験では，「安定型」の者は「友愛」や「信頼」などの肯定的経験をしていた。「回避型」では「親密さの恐れ」などの否定的経験，「不安／アンビヴァレント型」では「嫉妬」や「一体化への願望」などの変化に富む経験が，それぞれ顕著であった。また，幼児期の親子関係との関連では，判別分析によって，「不安／アンビヴァレント型」が父親との不適応的な関係，「回避型」が母親との不適応的な関係と，それぞれ結びついていることが見出された。

ところで，ヘイザンとシェーバー（1987）による愛着スタイルの分類は，被験者に強制選択させる方法によっている。つまり，「混合型」はないと仮定されている。しかし，詫摩・戸田（1988）は，彼らが分類した愛着スタイルの特徴は，相互背反的ではなく，一人の人間がそれぞれの特徴を同時にあわせもつと考えた。そこで，詫摩・戸田は，ヘイザンとシェーバーによる3選択肢に加え，「どのタイプにもあてはまらない」という選択肢を設けた。大学生・専門学生を対象とした調査では，27.6％の者がこの選択肢を選んだ（「安定型」39.4％，「回避型」18.6％，「不安／アンビヴァレント型」14.3％）。また，彼らは，3側面のそれぞれを表す23項目から成る

尺度も実施した。因子分析によって，ヘイザンとシェーバーが提起した各愛着スタイルに対応する3側面が抽出された。

人間の生涯の各段階における発達課題を系統的に提起したハヴィガースト（Havighurst, 1953）によれば，青年期には次の重要な発達課題がある。①同年齢の男女との洗練された交際の学習と②自己の性別に応じた社会的役割の学習。もともとボウルビィによって提起された「愛着」は，親との関係の中で育まれ，青年期の発達課題の①に含まれる異性との相互作用（つまり，恋愛）にも影響をおよぼすことになる（戸田, 1996参照）。

2 彷徨する親子関係

(1) 親子関係の変容

親子関係について最近実施された全国調査（総務庁青少年対策本部, 1997）をみると，興味深い構図を読みとることができる。

表4-3-aに示す親間の「会話頻度」をみると，父親よりも母親が会話相手になっており，この傾向は女子のほうが顕著である。さらに，男子では，15歳以降になると父親や母親との会話が若干減少する傾向がみられる。また，「理解度」でも男女ともに母親と気持ちの共有があると見なされている。

表4-3-bには，さらに，親子間の会話の内容が示してある。男女ともに「友だちのこと」が母親との会話の中心的内容であった。父親との関係ではその内容の会話はあまり行われず，この傾向は女子の場合に顕著であった。青年期における友人関係の心理的機能の重要性を考えると（松井, 1990），女子青年は，母親から単に心理的独立をはかっているのではなく，母親というフィルターを通して

表 4-3-a 父親と母親に対する日常的関係 (総務庁青少年対策本部, 1997)

	—男 子—			—女 子—		
	中学生 $N=603$	15-17歳 $N=272$	18-21歳 $N=321$	中学生 $N=613$	15-17歳 $N=274$	18-21歳 $N=352$
〔会話頻度a〕						
父親	66.4%	58.8%	56.0%	71.8%	69.7%	67.1%
母親	86.3%	79.8%	80.3%	94.6%	95.5%	93.0%
〔理解度b〕						
父親	62.5%	56.6%	54.8%	57.3%	55.9%	54.0%
母親	76.3%	65.2%	69.7%	81.0%	75.0%	81.6%

調査年次:1995年;9-24歳の男女
a:「一緒にいるとき、よく話をするか」:数値は「非常によく話すほう」と「話すほう」の合計
b:「普段、あなたの気持ちをよく分かっていると思いますか」:数値は「とてもよく分かっている」と「よく分かっている」の合計

新たな対人関係の拡充を行っているといえよう。

近年,わが国では青年期前期から中期にある子どもたちの凶悪な犯罪が発生し,刑事処分可能年齢の引き下げ(16歳から14歳)や凶悪重大犯罪犯の処分方法の見直しなど少年法の改正に至った(2001年4月より施行)。町沢(1998)は,この「平気で人を傷つける少年たち」の心性について,実は「自分が傷つけられることを極端に恐れている」自己中心性が基底にあると解読した。

町沢によれば,病理的な自己愛が形成される二つのメカニズムがある。

①**幼少期に親による愛情を受けずに成長した場合**
自尊心の傷つきを「自分は偉い」という幻想によって補償する。
②**幼少期から親によって大事にされ特別扱いされて育った場合**
赤ん坊の頃からの全能感が現実によって傷つけられることなく成長する。

表 4-3-b　父親と母親との会話の内容—上位4位まで〈複数回答〉—
(総務庁青少年対策本部, 1997 より)

〔対父親〕	—男　子—		—女　子—	
中学	遊びや趣味のこと	33.5%	学校や先生のこと	35.2%
	勉強や成績のこと	32.7%	勉強や成績のこと	33.9%
	学校や先生のこと	23.1%	友達のこと	29.0%
	友達のこと	20.1%	遊びや趣味のこと	26.3%
15–17歳	進路や将来のこと	34.2%	勉強や成績のこと	38.0%
	社会の出来事やニュースのこと	29.0%	進路や将来のこと	36.9%
	勉強や成績のこと	27.9%	学校や先生のこと	33.2%
	遊びや趣味のこと	22.4%	友達のこと	29.9%
18–21歳	社会の出来事やニュースのこと	33.6%	社会の出来事やニュースのこと	36.1%
	進路や将来のこと	28.0%	自分の職場や仕事のこと	31.8%
	自分の職場や仕事のこと	27.1%	家族のこと	31.0%
	遊びや趣味のこと	24.9%	進路や将来のこと	27.6%
〔対母親〕	—男　子—		—女　子—	
中学	勉強や成績のこと	52.0%	友達のこと	72.2%
	学校や先生のこと	42.6%	学校や先生のこと	64.1%
	友達のこと	40.8%	勉強や成績のこと	58.8%
	遊びや趣味のこと	26.9%	進路や将来のこと	40.3%
15–17歳	勉強や成績のこと	48.4%	友達のこと	71.9%
	進路や将来のこと	41.1%	学校や先生のこと	63.2%
	友達のこと	37.6%	勉強や成績のこと	54.2%
	学校や先生のこと	32.8%	進路や将来のこと	52.4%
18–21歳	進路や将来のこと	32.1%	友達のこと	66.7%
	社会の出来事やニュースのこと	30.1%	家族のこと	43.1%
	自分の職場や仕事のこと	29.8%	進路や将来のこと	42.8%
	友達のこと	29.2%	自分の職場や仕事のこと	39.4%

彼は，わが国の場合には②のタイプが多いことを指摘し，家庭の機能の変化，つまり父親の影響の希薄化に伴う「母子密着」が主たる原因と考えた．つまり，家族機能の変化が病理的な自己愛をもたらしているのである．

(2) 自己愛の基盤としての親子関係

日常的用語であるナルシシストとは，虚栄心が強く自分にほれこんでいる人であり，その象徴的人物の一人として，鏡に「国中で美しい人物はだれ？」と問いかける「白雪姫」に出てくる女王をあげることができる（Jacoby, 1985）。ナルシシズムという用語は，西洋古典神話のナルキッソスの話に由来する。図4-2に表したように，ナルキッソスは，水面に映った「実体のない像」に「恋い焦がれ」るのである。このナルキッソスの神話の主題は，とりわけ精神分析学の中で種々の解釈を生んでいく。ここでは，図4-3に示したフロイト（Freud, S.）とコフート（Kohut, H.）の基本的な考えを述べよう。

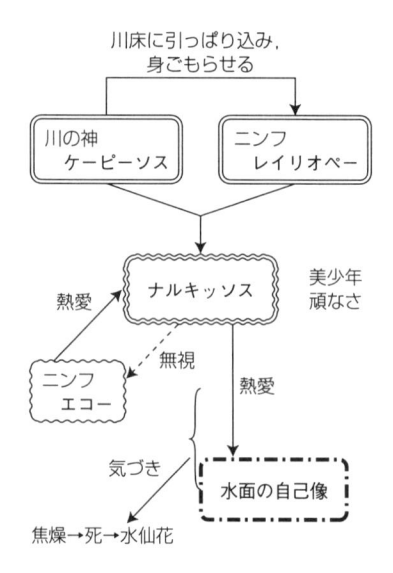

図4-2　オーヴィド『変身物語』の基本構図（Jacoby, 1985より）

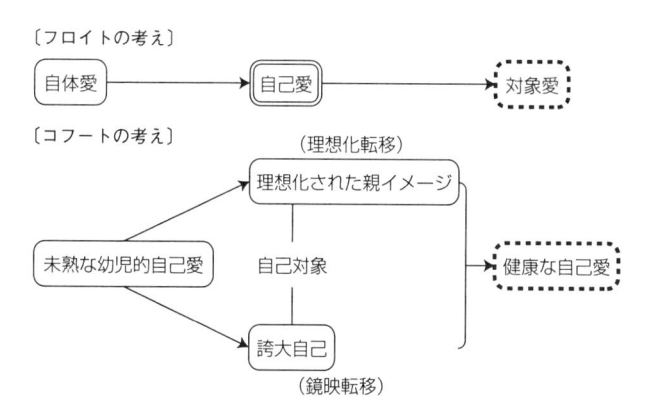

```
〔フロイトの考え〕
自体愛 → 自己愛 → 対象愛

〔コフートの考え〕
                    （理想化転移）
                  理想化された親イメージ
未熟な幼児的自己愛          自己対象      → 健康な自己愛
                  誇大自己
                    （鏡映転移）
```

図 4-3　自己愛の発達の 2 つのモデルの比較（中西，1987 を改変）

フロイトは，最初に自己愛の概念の体系化を試みた。『ナルシシズム入門』（Freud, 1969）の中で，「自体愛→自己愛→対象愛」という発達モデルが示唆された。自他の身体の区別がない段階（自体愛期；一次的ナルシシズム）の後に，自分自身が愛情や関心の中心となる時期（自己愛期）が続く。その後，他者とりわけ異性に対する成熟した愛情が生まれる（対象愛期）。しかし，他者との関係の挫折によって自己愛的状態に回帰することがある（二次的ナルシシズム）。つまり，フロイトにとっては，回帰した自己愛は病理的なのである。

これに対して，コフート（Kohut, 1985 など）は，自己愛そのものを健康な状態として捉えた。つまり，全能感を育む「誇大自己」，野心の基盤となる「理想的イメージ」が適度に満たされることによって，「機能的な自己」として統合される。前者の供給源は主として母親，後者は父親である。コフートにとっては，「未熟な幼児的な自己愛」期への滞留や退行が病理的なのである。

表 4-4 自己愛性人格障害の診断基準（米国精神医学会，1994 より）

(1) 自己の重要性に関する誇大な感覚
(2) 限りない成功，権力，才気，美しさ，あるいは理想的な愛の空想にとらわれている
(3) 自分が"特別"であり，独特であり，他の特別なまたは地位の高い人達にしか理解されない，または関係があるべきだ，と信じている
(4) 過剰な賞賛を求める
(5) 特権意識，つまり，特別有利な取り計らい，または自分の期待に自動的に従うことを理由なく期待する
(6) 対人関係で相手を不当に利用する，つまり，自分自身の目的を達成するために他人を利用する
(7) 共感の欠如；他人の気持ちおよび欲求を認識しようとしない，またはそれに気づこうとしない
(8) しばしば他人に嫉妬する，または他人が自分に嫉妬していると思いこむ
(9) 尊大で傲慢な行動，または態度

フロイトに始まる病理的自己愛は，現在では「人格障害」の一つとして扱われており，表 4-4 には，米国精神医学会（American Psychiatric Association, 1994）の診断基準が示してある。なお，人格障害とは，次のように定義される。

> その人の属する文化から期待されるものから著しく偏り，広範でかつ柔軟性がなく，青年期または成人期早期にはじまり，長期にわたり安定しており，苦痛または障害を引き起こす，内的体験および行動の持続的様式。　　　　　　　　　　　　　　　　　　（米国精神医学会，1994）

自己愛について，エモンズ（Emmons, 1987）は，①社会の自己愛化（me 世代），②自己奉仕的バイアス現象への研究上の関心の高まり，③自己愛の臨床的位置づけ——不適応か適応か——という3 側面を指摘したうえで，実証的研究の必要性を提唱した。その際，ラスキン（Raskin, 1979）が開発した NPI（Narcissistic Personality Inventory）に注目した。NPI は，DSM-Ⅲ（米国精神医学会の精神疾

表 4–5 自己愛傾向と母親・父親の養育態度との関連 (宮下, 1991 より)

	男子 $N=110$	女子 $N=160$
母親の養育態度〈情緒的支持・受容〉		−
〈情緒不安定〉		+
〈支配・介入〉		
父親の養育態度〈情緒的支持・受容〉		+[a]
〈情緒不安定〉		
〈支配・介入〉	+	

＋：正の相関；−：負の相関
a： $p<.10$；それ以外は $p<.05$

患の診断統計マニュアルの第3版)での自己愛人格障害の定義に基づいて作成された質問項目（2択式）から構成される。

NPI は，コフートの健康的な自己愛というよりも，むしろカーンバーグ（Kernberg, 1982）による病的な自己愛の捉え方に由来する。カーンバーグは，自己愛障害者の心理的世界を過度の優越感と劣等感の「両極端の世界」として特徴づけた。

宮下（1991）は，男女大学生を対象として，NPI 修正尺度に基づき自己愛傾向を測定した。両親の養育態度が SD 法（semantic differential method；正反対の意味をもつ形容詞を極にした尺度）によって評定され，自己愛傾向との関連が調べられた。これを表 4–5 に示した。つまり，次のような傾向が得られた。

対母親：女子では，母親の暖かい受容的態度が自己愛傾向を抑制し，否定的な養育態度が自己愛傾向を促進する。
対父親：男子では父親の統制的な態度，女子では父親の受容的な態度が，それぞれ自己愛傾向を高める。

この自己愛傾向は，青年期の対人関係の営みに影響をおよぼすと推測される。小塩（1998）は，NPI を拡大した尺度を用い，大学生・

専門学校生の自己愛傾向と友人関係の志向性との関連を検討した。自己愛の特徴を表す 54 項目から成る尺度の評定結果に因子分析が施され，自己愛傾向の 3 側面が抽出された。各側面の測定項目の一部を以下に示す。

〔優越感・有能感〕
  自分自身では要領もいいし賢明さも備えていると，私は思っている
  周りの人々はたいてい私の権威を認めてくれる
  など 20 項目から構成
〔注目・賞賛欲求〕
  私には，注目の的になってみたいという気持ちがある
  私は偉い人だといわれる人間になりたい
  など 8 項目から構成
〔**自己主張性**〕
  どうやら私は，控えめな人間というには程遠い人間だと思う
  私は自分の意見をはっきりいうほうだ
  など 9 項目から構成

彼は，友人関係の志向性が「つきあいの広さ」と「つきあいの深さ」の 2 次元から成ることを明らかにしたうえで，「広く浅いつきあい方」を志向する者の自己愛傾向が一般的に高く，とりわけ「注目・賞賛欲求」の側面が顕著であることを見出した。

　ところで，老松（Asper, 1987 の解説）は，自尊心の低さを共通項とする二つの自己愛障害タイプを提起した。これを図 4-4 に示す。老松は，比較文化的な観点から，日本人の自己愛は，「過剰警戒ナルシシスト」と判断した。これは，3 章で触れた「相互独立自己観」と「相互協調的自己観」にも関連する特徴であろう。

　以上に述べたように，自己愛という概念は，親子関係だけでなく，青年期の対人関係全般に関わる現象を説明する可能性を秘めているといえるかもしれない。

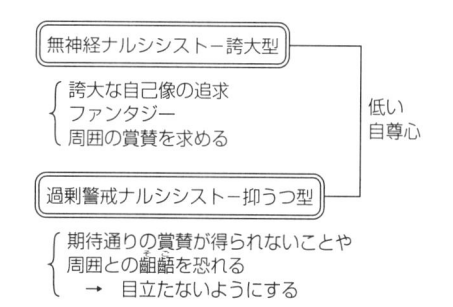

```
┌─────────────────────────┐
│ 無神経ナルシシスト－誇大型 │─┐
└─────────────────────────┘ │
  ┌ 誇大な自己像の追求       │ 低い
  ┤ ファンタジー            │ 自尊心
  └ 周囲の賞賛を求める       │
┌─────────────────────────┐ │
│ 過剰警戒ナルシシスト－抑うつ型│─┘
└─────────────────────────┘
  ┌ 期待通りの賞賛が得られないことや
  ┤ 周囲との齟齬を恐れる
  └ → 目立たないようにする
```

図 4-4　老松によって提起された自己愛障害の 2 タイプ（Asper, 1987 の解説より）

(3) 家族という単位の再編成

長渕剛（1996）が歌うように，われわれは，家族の中でのさまざまな体験（トラウマ的なもの）を経て家族からの心理的独立を志向するが，実は「家族との絆」の憧憬を抱いているとも考えられる。

「家族」という船に乗り
「孤独」という海に出た
「家族」という船が行き過ぎ，今
「孤独」という魚になった

　　　　　　　　　　　　　（長渕剛・高山文彦　作詞「家族」）
　　　　　　　　　　　　　　JASRAC 出 0201598-201

坂本（1997）は，わが国でいわゆるホームドラマがどのように登場し，メディアとしてどのような役割を果たしたかを分析した。彼女によれば，次の特徴を指摘できる。①「母もの」のようなドラマ性や階級への言及は消失する，②父親中心から母親中心へというジェンダーの交代とともに，家族の中心としての能動的な母親へという変化がある，③核家族的関係への焦点化がある。

　近年，アダルト・チルドレンという言葉が流行している。アダルト・チルドレンとは，もともとアルコール依存症の親をもつ子ども

の特異な心理・行動的症状を指しているが，種々の機能不全をもつ家族の場合にも拡大されている（斎藤, 1997）。この拡大概念化によって，青年は現在の心の不安定さや揺らぎを「トラウマ」によって説明できるようになった。この「トラウマ」は，自分が統制不可能な原因であるがゆえに，現在自分が抱えている問題症状の責任を外在化してくれる。すべて，親のせいなのである。つまり，「いま感じている〈生きにくさ〉や対人関係がうまくいかないことに対する答え」の提供による「一種の安堵」をもたらすのである（与那原, 1998）。

坂本（1997）が指摘するホームドラマの登場によって醸成された家族イメージは，今や長渕が歌う「アダルト・チルドレン」的親子イメージへと変容しつつあるのかもしれない。「子ども」と「大人」との心理的乖離の問題を基底におきながら，最後の一人になるまでクラスの子どもたちを殺しあわせるという「奇抜な設定」で話題になった「バトル・ロワイアル」（東映ビデオ, 2001）の主人公の「シュウヤ〈藤原竜也〉」でさえ，「家族トラウマ」の背景を背負わざるを得ないのである。

引用文献

American Psychiatric Association 1994 *Diagnositic and statistical manual of mental disorders*. Fourth edition. 高橋三郎・大野　裕・染矢俊幸（訳）DSM-Ⅳ　精神疾患の診断・統計マニュアル　1996　医学書院

Asper, K. 1987 *Verlassenheit und Selbstenfremdung*. Olten: Walter Verlag. 老松克博（訳）　自己愛障害の臨床－見捨てられと自己疎外－　2001　創元社

Bowlby, J. 1969 *Attachment and loss, vol. 1: Attachment*. London: Hogarth. 黒田実郎・大羽　泰・岡田洋子（訳）　母子関係の理論Ⅰ－愛着行動－　1976　岩崎学術出版社

Bowlby, J. 1973 *Attachment and loss, vol. 2: Separation*. London: Hogarth. 黒田実郎・岡田洋子・吉田恒子（訳）　母子関係の理論Ⅱ－分離不安－　1977　岩崎学術出版社

Bowlby, J. 1980 *Attachment and loss, vol. 3 : Loss : Sadness and depression.* London : Hogarth. 黒田実郎・吉田恒子・横浜恵三子（訳）母子関係の理論Ⅲ－愛情喪失－ 1981 岩崎学術出版社

Emmons, R. A. 1987 Narcissism : Theory and measurement. *Journal of Personality and Social Psychology*, **52**, 11–17.

Eyer, E. 1992 *Mohter-infant bonding : A scientific fiction*. Yale University Press. 大日向雅美・大日向史子（訳）母性愛神話のまぼろし 2000 大修館書店

Freud, S. 1969 ナルシズム入門 懸田克躬・高橋義孝他（訳）フロイト著作集 第5巻 人文書院 Pp. 109–132.

Havighurst, R. J. 1953 *Human development and education*. New York : Longmans, Green & Co., Inc. 荘司雅子（監訳）人間の発達課題と教育 1995 玉川大学出版部

Hazan, C. & Shaver, P. 1987 Romantic love conceptualized as an attachment process. *Journal of Personality and Social Psychology*, **52**, 511–524.

Jacoby, M. 1985 *Individuation and Narzißmus : Psychologie des Selbst bei C. G. Jung und H. Kohut*. München : Pfeiffer Verlag. 高石浩一（訳）個性化とナルシシズム－ユングとコフートの自己の心理学－ 1997 創元社

加藤隆勝・高木秀明 1980 青年期における独立意識の発達と自己概念との関係 教育心理学研究，**28**, 336–340.

Kernberg, O. F. 1982 Narcissism. S. L. Gilman (Ed.), *Introducing psychoanalytic theory*. New York : Brunner/Mazel. 小此木啓吾（訳）自己愛（岩波講座 精神の科学 別巻）1984 岩波書店 Pp. 279–315.

Kohut, H. 1985 *Self psychology and the humanities : Reflections on a new psychoanalytic approach*. New York : W. W. Norton & Company. 林 直樹（訳）自己心理学とヒューマニティ－新しい精神分析的アプローチに関する考察－ 1996 金剛出版

小高 恵 1993 親子関係の年代的推移－25年前と現在の親子関係についての正準判別構造と平均・標準偏差の比較－ 教育心理学研究，**41**, 192–199.

小高 恵 1998 青年期後期における青年の親への態度・行動についての因子分析的研究 教育心理学研究，**46**, 333–342.

小嶋秀夫 1969 親の行動の質問紙の項目水準におけるバッテリー間因子分析 金沢大学教育学部紀要（社会科学・教育科学・人文科学編），**18**, 55–70.

久世敏雄・平石賢二 1992 青年期の親子関係研究の展望 名古屋大学教育

学部紀要（教育心理学科），**39**, 77-88.

町沢静夫　1998　現代人の心にひそむ「自己中心性」の病理－過大な自己愛と現実とのズレに苦しむ若者たち－　双葉社

松井　豊　1990　友人関係の機能　斎藤耕二・菊池章夫（編）　社会化の心理学ハンドブック－人間形成と社会と文化－　川島書店　Pp. 283-296.

宮下一博　1991　青年におけるナルシシズム（自己愛）的傾向と親の養育態度・家庭の雰囲気との関係　教育心理学研究，**39**, 455-460.

長渕　剛　1996　家族　東芝 EMI TOCT-9333

中西信男　1987　ナルシズム－天才と狂気の心理学－　講談社現代新書

小野寺敦子　1993　日米青年の親子関係と独立意識に関する比較研究　心理学研究，**64**, 147-152.

小塩真司　1998　青年の自己愛傾向と自尊感情，友人関係のあり方との関連　教育心理学研究，**46**, 280-290.

Raskin, R. N. & Hall, C. S. 1979 A narcissistic personality inventory. *Psychological Reports*, **45**, 590.

斎藤　学　1997　トラウマ理論とアダルト・チルドレン　斉藤学（編）　現代のエスプリ358号（トラウマとアダルト・チルドレン）　至文堂　Pp. 22-55.

坂本佳鶴恵　1997　〈家族〉イメージの誕生－日本映画にみる〈ホームドラマ〉の形成－　新曜社

佐藤朗子　1993　青年の対人的構えと親および親以外の対象への愛着の関連　名古屋大学教育学部紀要（教育心理学科），**40**, 215-226.

総務庁青少年対策本部（編）　1997　日本の青少年の生活と意識－青少年の生活と意識に関する基本調査報告書－　大蔵省印刷局

高木信子　1994　青年期危機と愛着の諸相に関する基礎的研究　教育学科研究年報（関西学院大学文学部教育学科），**20**, 43-55.

詫摩武俊・戸田弘二　1988　愛着理論からみた青年の対人態度－成人版愛着スタイル尺度作成の試み－　人文学報（東京都立大学人文学部），**196**, 1-16.

戸田弘二　1996　恋愛関係の成立と進展　大坊郁夫・奥田秀宇（編）　親密な対人関係の科学　誠信書房　Pp. 115-147.

東映ビデオ　2001　バトル・ロワイアル　DSTD-02017

徳田完二　1987　青年期における自己評価と両親の養育態度　心理学研究，**58**, 8-13.

与那原　恵　1998　心理学に群がる人たち　中央公論, 平成10年3月号, 262-271.

5章
友人関係

和田　実

　青年の重要な対人関係の一つに友人関係がある。友人関係は，親子関係のように，保護や援助の関係ではなく，主として交換やルールに基づく対等の関係である。友人関係は互いの社会 – 情緒的目的を促進しようと意図し，友好，親密さ，感情，相互扶助のさまざまなタイプと程度を含む，時間にとらわれない二人の間の自発的な相互依存（Hays, 1988）という特徴を持っている。本章では，青年の友人関係について検討する。

　友人関係といえば，同性友人関係をさすことが多い。というのは，異性の友人関係となると，恋愛関係との差異を見いだすのが困難だからである。そこで，本章では，断らない限り同性の友人関係に限定して述べる（ただし，本章で示すデータによっては，同性・異性の友人を区別していないものもある）。

1 友人関係の特徴

(1) 友だちになるきっかけ

青年はどこで,あるいは何がきっかけで友人を得るのであろうか。総務庁青少年対策本部(1999)の第6回の「世界青年意識調査」による"友人を得たきっかけ"を表5-1に示した。この調査は昭和47(1972)年の第1回から5年ごとに実施されている。調査対象者は18歳〜24歳の青少年である。結果によると,いずれの調査回も,"学校で"というのが一番多く,第6回調査(実施は1998年)では,92.2%という非常に高い値となっている。次いで,"職場で(アルバイト先を含む)"となっている。

青年期のほとんどを学校で過ごす現代では,"学校で"友人を得

表5-1 友人を得たきっかけ(経年比較・日本)

(%)

順位 \ 回	第2回	第3回	第4回	第5回	第6回
1	学校で 81.6	学校で 88.3	学校で 91.8	学校で 91.6	学校で 92.2
2	職場で 34.1	職場で 35.6	職場で 34.9	職場で 39.6	職場で 39.6
3	近所で 13.1	近所で 14.2	クラブ・グループで 17.7	クラブ・グループで 12.9	クラブ・グループで 15.0
4	クラブ・グループで 10.3	クラブ・グループで 12.8	近所で 11.8	近所で 11.9	近所で 12.6
5	同郷 5.8	街の中で 7.6	街の中で 5.5	同郷 2.9	同郷 5.4

ることが多いのは当然であろう。しかも,調査年が新しくなるにつれ,"学校で"の割合が多くなるのは,高学歴化にともなう結果であろう。

(2) 青年期の友人関係の特徴

青年は自己のからだや心の変化を通じて,自分の精神生活や性格について強い関心を抱くようになる。自己に興味を持つことは,自分との比較の対象としての他人の精神生活や性格への興味や関心も同時に生み出す。したがって,適切な同年輩の友人との関係をもてることが重要となる。

まず,幼児期,児童期と比較した青年期の友人関係の特徴(井上,1966)を表5-2に示した。青年期は幼児期や児童期と異なり,単なる遊び友だちではなく,"心の友"という特質をもつ。また,友人となるきっかけは,人格的な尊敬や共鳴であり,厳選するようになるのである。しかも,その友人関係は持続するという特徴をもっている。

表 5-2 幼児・児童と比較した青年期の友人関係の特徴

	幼児期	児童期	青年期
特 質	遊び友達	生活の友達	心の友
意 義	社会的訓練に役立つ	社会的訓練・集団への所属性	人格的影響を及ぼし合う
選 択	誰とでもなりうる	選択的になる	厳選する
契 機	遊びなどの接触	接触度と好ましい行動	人格的尊敬と共鳴
持続性	場面的性質が強く変わりやすい	やや安定	生涯の友となるほど持続する可能性
性	男女未分化	反発・分離	異性への憧憬・恋愛への発展

また，実際の友人関係成立要因（"なぜ友人となったのか"）を田中（1975）が調べている（図 5-1）。彼は，幼児期から成人期までを対象として 4 領域（相互的接近，有機的好感・同情・愛着，人格的尊敬・一致・共鳴，集団の協同）で調べている。結果によると，年齢が上がるにつれ，相互的接近は減少し，人格的尊敬・一致・共鳴が児童期以降，上昇している。井上（1966）による表 5-2 と同じ傾向にあると言えよう。

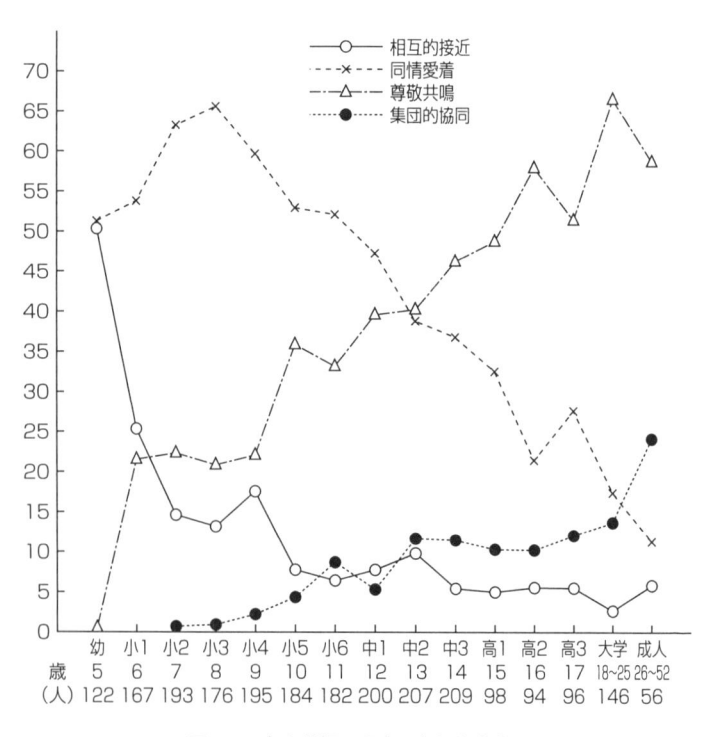

図 5-1　友人選択の理由の年齢的変化

(3) 友人関係に何を望むか

これまでは，何が原因（きっかけ）で友人となったのかという，今現在の実際の友人についてであった。そこで，次に，現状とは関係なく，同性友人関係には何を望んでいるのであろうか。この点を検討していこう。

ラガイパ（La Gaipa, 1979）は，友人関係の親密度を2段階にわけ，12歳から20歳を対象に，友人関係への期待の相違を六つの領域から調べている。6領域とは，援助と支持，ポジティブな関心，力強さ，類似，真正さ，自己開示である。その結果，年齢が上がるにつれ，真正さを除いてすべて減少すること，さらに，ポジティブ関心と自己開示は親密さのレベルが低い場合に，顕著に減少することを見出している。言い換えると，友人が二分化しているのである。すでに示した井上（1966）の表にもあったように，本当に必要な友人かそうでないかを厳選している結果と言えよう。

次に，和田（1996）の研究をみておこう。調査対象者は，中学生，高校生，大学生である。彼らに，次の10領域のうちのどれを同性友人関係に期待するのかを調べている。10領域とは，協力（互いに協力しあえる，困ったとき助けてくれる），情報（話題が豊富で楽しい，自分の知らないことを教えてくれる），類似（趣味や好みが一致している，性格が似ている），自己向上（いろいろな面で刺激を与えてくれる，自分を向上させてくれる），敏感さ（よく気がつく，自分の気持ちを察してくれる），共行動（何かにつけ一緒に行動できる，いつも一緒にいる），真正さ（言いたいことが言い合える，利害関係なくつき合える），自己開示（悩みをうちあけることができる，何でも話してくれる），尊重（自分を必要としてくれる，互いの個性を尊重しあえる），相互依存（互いに役立つことが

できる，甘えられる）である。

"どの程度期待するか"と尋ねると，いずれにも"非常に期待する"と回答する可能性が高い。そこで，領域名は示さずに各領域の具体例を二つずつあげ，各領域をそれぞれ一対にして提示し，同性友人との関係においてそのいずれを重要と考えるかを回答させている。したがって，得点範囲は 0～9 点となる。その結果を図 5-2 に示した。

得点をみると，いずれも真正さ，協力，尊重を望んでいる。次に，学校（年齢）別の相違をみておこう。自己向上は中学生よりも高校生と大学生の方が，共行動は大学生よりも中学生と高校生の方が，真正さは中学生よりも大学生の方が，自己開示は大学生より中学生の方が同性友人関係に有意により期待していた。

前者三つ（自己向上，共行動，真正さ）は，中学生よりも高校生もしくは大学生の方が友人関係により内面的なものを求めるという

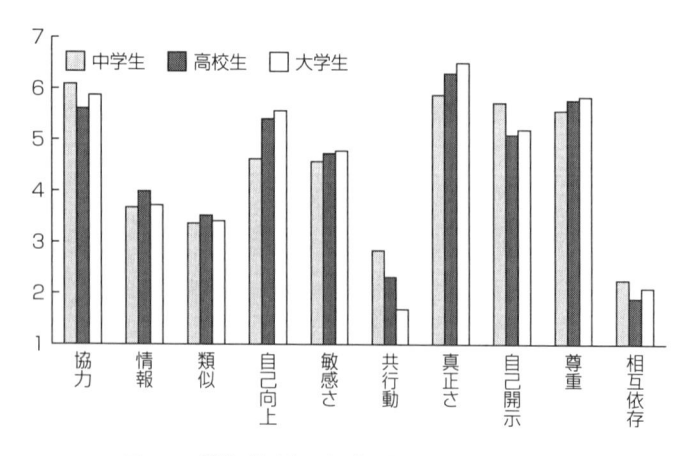

図 5-2　学校（年齢）別の友人関係に期待するもの

ことである。これは井上 (1966) が，幼児期，児童期と比較して青年期の友人関係の特徴をまとめた表 5-2 に一致している。すなわち，友人関係の特質が，児童期の"生活の友だち"から，青年期には"心の友"へと変わるのである。

一方，自己開示は高校生よりも中学生の方が同性友人関係により期待していた。この年齢による変化は，友人の性を区別していないラガイパ (1979) の結果に一致している。青年は自己の心身の変化を通じて，自分の精神生活や性格について強い関心を抱くようになる一方，自己への興味は自分との比較の対象としての他人への精神生活や性格への興味や関心も同時に生み出す。自己の鏡像として同年輩の友人の精神生活や行動を写すことによって，自己の精神生活を内省するのである (佐竹，1992)。高校生に比べ中学生の方が自己概念が明確ではない。したがって，他者との比較を通して自己概念を明確にするために，友人関係に自己開示をより期待するのであろう。コスタンゾーとショー (Costanzo & Shaw, 1966) による同調行動の研究もこのことを裏付けていると言えよう。すなわち，7～21歳を対象として同調性を調べたところ，仲間の考えをもっとも意識する思春期 (11～13 歳) において同調度がもっとも高くなることを見出している。

(4) 友人関係の性差

同性友人関係には性差がみられる。例えば，カードウエルとペプロー (Caldwell & Peplau, 1982) は，大学生を対象に親友と"単に話すだけ"と"何らかの活動をすること"のいずれを好むかを選ばせた。その結果，男性 (16%) の 3 倍以上の女性 (57%) が，"単に話すだけ"を選択し，一方，女性 (43%) の約 2 倍の男性 (84

%）が"何らかの活動"を一緒にするのを好んだ。さらに，第二実験として，実際に会話をさせ，その内容を分析したところ，男性よりも女性は感情や個人的問題を親友と有意に多く話すのに対し，男性は活動についてより多く話す傾向があった。

また，被験者に友人や他者との相互作用を記録させた日記を分析したフィーラーとネズレク（Wheeler & Nezlek, 1977）は，女性は男性よりも一緒に勉強したり，友人，家族，個人的な問題について互いに話すことが多く，有意ではなかったけれども，男性は女性よりも映画に行ったり，一緒にスポーツをするのが多いことを見出している。また，知り合って間もない友人と親友に対する対人感情をたずねた和田ら（1986）は，女性は情動的色彩が強く，しかも親友に対して正負の両面的感情をいだいていることを見出している。

さらに，先ほどの和田（1996）による同性友人関係に期待するものを男女別に図示したのが図 5-3 である。女性よりも男性の方が

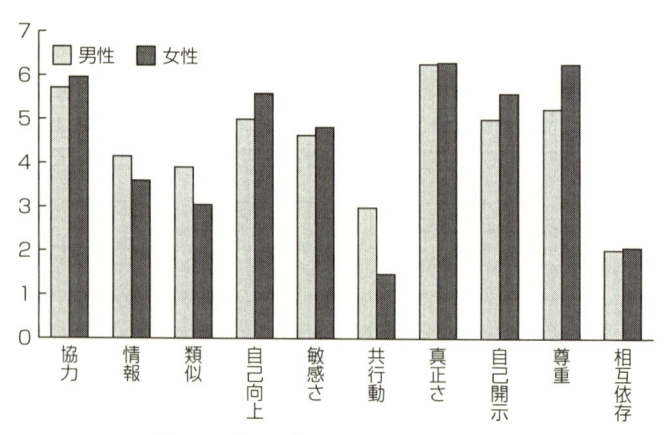

図 5-3 性別の友人関係に期待するもの

同性友人関係に共行動，情報，類似を有意に多く期待している。一方，男性よりも女性の方がより多く期待するものは，自己開示，自己向上，および尊重である。

　以上のように，男性と女性の同性友人関係には明らかに性差がみられ，男性の友人関係は手段的であるのに対し，女性の友人関係は情動的であることが分かる。すなわち，女性は親友に物事について同じように感じてくれる人を求めるのに対し，男性は同じことをするのが好きな人を親友として求めているのである。

　なお，同性友人関係に性差があることから，大学進学によりこれまでの友人（旧友人）との物理的距離が大きくなった際に，旧友人との関係が男女で異なることを，和田（2001）が明らかにしている。旧友人との物理的距離の変化は，男性の場合，旧友人との関係に影響を及ぼしたが，女性の場合，旧友人との関係に影響を及ぼさなかったのである。すなわち，男性は女性よりも，共に活動することを望む。しかし，旧友人との物理的距離が大きくなると一緒に活動できなくなる。したがって，物理的距離の影響が旧友人との関係に現れた。一方，女性は男性よりも，相互依存と自己開示というより内面的なものを望む。しかし，それを移転先で新しくできた友人との間に築くにはかなりの時間を要する。したがって，男性に比べ，物理的距離が大きくなっても，旧友人と自己開示や相互依存などの心理的な関係を維持し続けたと考えられるのである。

　では，なぜ同性友人関係において性差が生じるのであろうか。シェロッド（Sherrod, 1989）は，その原因として経済的／歴史的観点，精神分析的観点，生物学的観点，社会化の観点から考察している。社会化の観点にたつと，次のように説明される。一般に男性は達成，競争，独立を強調して育てられ，女性は暖かさ，親密感，表情の豊

かさを強調して育てられる。そして，その社会で各性に適していると考えられる行動期待を内在化していく。したがって，男女で友人関係に望むものが異なるというのである。

今現在でも，このような男女で異なった期待（性役割期待）をもって育てられている。総務庁青少年対策本部の「青少年の生活と意識に関する基本調査」（1995年実施）による小学4年生〜中学3年生の子どもをもつ親にたずねた"子どもに対する価値期待"を図5–4に示した（総務庁青少年対策本部，1997）。明らかに男女で異なっている。男子に対する期待が女子に比べて相対的に大きい項目は，"責任感"，"自分で物事を計画し実行する力"，"公正さや正義感"，"忍耐強さ"，"指導力"であり，逆に女子に対する期待が大きい項目は，"思いやり"，"礼儀正しさ"，"金銭や物を大切にする心"，"落ち着きや情緒の安定"であった。まとめると，男子には社会生

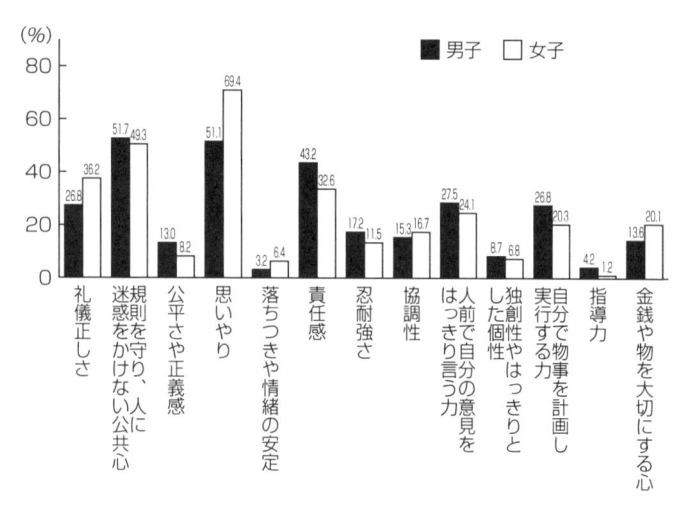

図5–4 親の子どもに対する価値期待（小学4年生〜中学3年生の親）

活における課題遂行に役立つ価値を期待しているのに対し，女子には情緒的側面もしくは関係的側面にかかわる価値を期待していると言えよう（2章3節で検討した「男は仕事，女は家庭」への同意率の男女差は，こういった期待をもって育てられた結果といえよう）。

さて，その社会で各性に適していると考えられる行動期待を内在化していくわけであるが，その内在化の程度の相違を測るものの一つが性役割である。この社会化の観点に立つと，男性性の高い女性は男性性の低い女性よりも達成，独立，競争といった社会的役割を重視し，結果的に，同性友人関係に男性の友人関係の特徴を期待すると考えられる。男性についても女性性に関して同様のことが言えるであろう。

この点について，和田（1993）が，大学生を対象に，同性友人関係期待と性役割との関連を調べている。結果によると，同性友人関係において，男性では女性性の低い者よりも高い者は自己開示量が多く，男性性の低い者よりも高い者は共行動をより期待し，一方，女性では男性性の低い者よりも高い者は自己開示量が抑制され，女性性の低い者よりも高い者は敏感さや自己開示をより期待するのを明らかにしている。すなわち，それぞれの性役割の高低が異性間においてだけでなく同性内においても，それぞれの性の友人関係の特徴を強める作用を及ぼしていたのである。こういった点から，男女の同性友人関係の性差は，社会化（子育て）の際に，男女に何を重視するのかが反映された結果であるといえよう。社会で適切とされる性役割期待，すなわち，男性は達成，競争，独立を強調して育てられ，女性は暖かさ，親密感，表情の豊かさを強調して育てられた結果といえよう。

2 変貌する友だちとの関係

(1) 友人・親友はいるのか？

青年には"心を打ち明けて話せる友人"がいるのであろうか。総理府広報室「青少年の社会的関心」(1955) と総務庁青少年対策本部「青少年の連帯感などに関する調査」(1991) の結果をまとめたのが表 5-3 である。「青少年の連帯感などに関する調査」の 1970 年と 1975 年は"いる"か"いないか"という選択肢であったが、それ以降は回答の仕方が異なり、具体的に人数を記させている（表 5-3 では、"心を打ち明けて話せる友人"がいるとして、その人数を上げた者は、少なくとも一人は"いる"と考えてまとめた）。直接的な比較はできないが、この表によると、"いない"と回答する者の割合が減っていることは明らかである。「青少年の連帯感などに関する調査」を引き継いだ「青少年の生活と意識に関する基本調査」(1995 年調査) では、"とても仲の良い友達が何人くらいいますか"と質問項目が変わっているが、"一人もいない"と"無回答"をあわせても、どの年代でもわずか 1〜2% である（総務庁青少年対策本部，1997）。

では、何人の友人がいるのかをみておこう。総務庁青少年対策本

表 5-3 心を打ち明けて話せる友人の有無 (%)

	1955	1970	1975	1980	1985	1990
いる	66.9	75.6	78.1	93.4	92.4	95.6
いない	33.1	24.3	21.8	6.6	7.6	4.3

資料：総理府広報室「青少年の社会的関心」(1955)
　　　総務庁青少年対策本部「青少年の連帯感などに関する調査」(1991)

部「青少年の連帯感などに関する調査」(1991)をまとめたのを図5-5,総務庁青少年対策本部の「青少年の生活と意識に関する基本調査」(1995年実施)による結果を図5-6に示した(総務庁青少年対策本部,1996)。前者は"心を打ち明けて話せる友人"について,後者は"とても仲の良い友達"について,尋ねている。

前者の調査結果は,"1人","2〜3人"というのが年々減り,"4

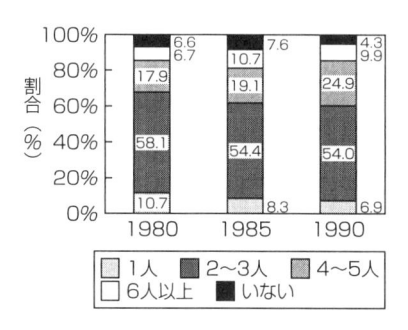

図5-5 心を打ち明けて話せる友人

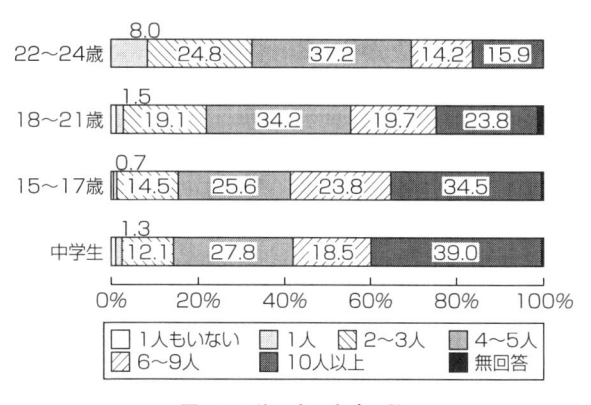

図5-6 仲の良い友達の数

〜5人"，"6人以上"というのが増えている。後者の結果によると，調査対象者の年齢が高くなるにつれて，"10人以上"というのが減り"2〜3人"，"4〜5人"という者の割合が増えている。いずれにせよ，友人・親友はたくさんいると言えよう。

一方，日本性教育協会（2001）の"なんでも打ち明けて話せる同性友人"がいるかという質問に対して，"いる"，"いないのでほしい"，"いないが，特にほしいと思わない"のいずれかで答えてもらっている。"いないが，特にほしいと思わない"という者は，中学生男子25.3%，女子8.2%，高校生男子18.2%，女子18.2%，大学生男子10.9%，女子5.9%いる。これはどういうことであろうか（"いる"とする者の割合が，総務庁の調査よりも少ないが，ここでは問題にしない）。このような質問項目で尋ねているのはない（同じ日本性教育協会の調査でも，前回の第4回調査は，"いる"か"いない"かで尋ねている）ので，この数値が多くなっているのか，少なくなっているのかは分からない。しかし，かなりの者が"なんでも打ち明けて話せる同性友人をほしくない"と思っていることだけは事実である。

(2) 友人関係の変容

(1)で検討したように，友人の数が増えているのは事実である。では，青年はその友人関係に満足しているのであろうか。この点をまず検討しよう。

日本性教育協会の"青少年の性行動全国調査"の過去5回の調査から"友人関係満足度"を図5-7に示した（日本性教育協会，2001）。明らかに"満足"とする者の割合が増えている。一方で，"やや不満"とする者が徐々に減っている。

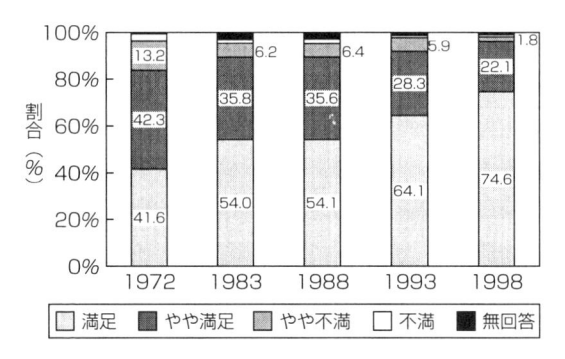

図5-7 友人関係満足度

　以上のように,友人の数が増え,友人関係への満足度が高まっているのは事実である。では,その友人とどのようなつきあい方をしているのであろうか。NHK放送文化研究所(1995)による,親友と友人とはどのようなつきあいをしているかをたずねた結果を表5-4に示した。

　親友に対しても,"心の深いところは出さないでつきあう"が20％を越え,"ごく表面的につきあう"の割合が10％前後である。親友に対してこの数値というのは驚きではある。しかし,1980年代からさほど大きな変化がないことも読みとれる。また,総務庁青少年対策本部の「情報化社会と青少年に関する調査」(1996年実施)の"一番の親友との関係"の結果によると,"何も言わなくてもわかりあえる"とする者が32.7％,"性格の裏まで知り合っている"とする者が32.9％,"あまり深刻な相談はしない"とする者が19.3％,"自分のすべてをさらけ出さない"とする者が29.8％であった(総務庁青少年対策本部,1997)。

　友人数・親友数は多く,しかも友人に対する満足度も高いにもか

表 5-4 友人とのつきあい方

		親友			友人		
		1982	1987	1992	1982	1987	1992
何のかくしだてもなくつきあう	中学生	61.3	53.0	59.1	11.6	11.4	12.5
	高校生	68.6	66.7	67.8	9.1	7.3	8.6
心の深いところは出さないでつきあう	中学生	22.8	25.5	21.9	40.3	34.3	37.4
	高校生	20.3	22.5	20.3	51.0	45.4	46.6
ごく表面的につきあう	中学生	11.6	17.5	13.2	46.8	52.5	46.9
	高校生	5.3	7.7	9.0	38.9	46.4	43.6
いない	中学生	2.8	1.6	1.6	0.0	0.1	0.1
	高校生	3.6	1.8	0.7	0.0	0.1	0.1

DK/NA は表示を省略。

かわらず，"親友"に対しても"あまり深刻な相談はしない"や"ごく表面的につきあう"といった割合が10～20%ある。こういったことから，多くの研究者・評論家が青年の友人関係が希薄化していると指摘してきた。実際，筆者もかつて指摘したことがある（和田, 1990）。

はたしてそうなのだろうか。総務庁青少年対策本部の「青少年の連帯感などに関する調査」とそれを引きついだ「青少年の生活と意識に関する基本調査」の"どんなときに生きがいを感じるか"という質問に対し，"友人や仲間といるとき"と答えた者の比率は，1970年の38.8%から1995年の63.2%へと一貫して増大している（1996年実施の「世界青年意識調査」では，74.0%である）。また，"悩みや心配事があったときに相談する相手"では，"近所や学校の友だち"と回答する者が1990年の65.5%へと増えている（1995年の調査は"近所の友だち"と"学校の友だち"と分けているので比較で

きない。ちなみに，15〜17歳では，"近所の友だち"が7.8％，"学校の友だち"が64.4％，18〜21歳では，前者が12.1％，後者が42.2％である）。

この点に関して，橋本（1998）は，以下の点から友人関係が希薄化しているわけではないと指摘している。第一に，コーホート効果と年齢層効果の混同である。すでに若者ではなくなっている論者が，加齢により変化したが，かつては自分たちも同じような意識や行動様式を示していたことに気づかず，若者の友人関係を評している場合である。たとえば，友人関係に関しては年齢があがるほど深いつき合いを好む傾向があるため（表5-4を参照），深いつき合いを好むようになった年齢層から見れば，若者は常に浅い友人関係だというのである。第二に，分析データの偏りという。若者論の多くが大学の研究者であり，大学生の観察をもとに若者論が論じられていることに原因を求めるものである。大学進学率の変化などによる学生の質の変化や学生と研究者との関わり方の変化などが"浅く見える"ことにつながっているという。第三に，マスメディアの影響である。これはマスメディアにおける若者論の論調が一貫して"若者の対人関係が希薄化している"であることに原因があるという。

他の点を指摘しておこう。まず，ベネッセ教育研究所（1999）の「モノグラフ・高校生」の"どこから「親友」と思うのか"の結果をあげることができる。"本当の自分をみせることができること"が71.5％，"お互いに悩みを話せること"が69.1％，"気が合うこと"が68.8％，"一緒にいて疲れないこと"が62.5％などであった。このような点を親友か否かの基準としており，そしてこれまで検討してきたように親友がいるとする者がほとんどであるということは，

やはり希薄化しているとは言えないのではないだろうか。

次に、はたして青年だけの人間関係の変化かという点である。NHK世論調査部の日本人の意識調査（NHK世論調査部編, 2000）の"親戚との人間関係"の経年変化をみると、形式的（一応の礼儀をつくす程度のつきあい）が着実に増え、第6回調査（1998年実施）では17%である。一方、全面的（なにかにつけ相談したり、助け合えるようなつきあい）は着実に減り、第6回調査では36%となり、部分的（気軽に行き来できるようなつきあい）が46%で一番多いのである。職場の人間関係についても同様の結果である。日本人の人間関係そのものが"相手のプライドも傷つけないし、自分のプライドも傷つけられたくない"、"相手のプライバシーにも深入りしないし、自分も深入りされたくない"というのにかわってきているのであろう。

いずれにせよ、ここ何年かは友人関係があまり変化していない。どの年代と比較すると"希薄化"となるのかの問題なのであろう。

最後に、ここ数年の間に、爆発的に携帯電話の所有者が増えたことによる"友人"関係の変容を指摘しておこう。ポケベルの普及にともない、かつては"ベル友"と言われていたものが、携帯電話のメール機能を使った"メル友"にかわった。NHKの「メディアと生活」（2001年3月実施）の調査（上村・井田, 2001）によると、携帯電話をもっている者の割合は16〜19歳で81%、20代で88%である。所有者に尋ねた日々の利用頻度（メールや情報サービスを含む）は、16〜19歳で1日に10回以上使う者は66%（日に10回くらいが31%、日に20回くらいが18%、日に30回以上が17%）にものぼっている。メール機能を利用している者の割合に限ると、

16〜19歳ではほぼ100%である。しかも，1日に10回以上のメールを使うという者が半数以上である。

会ったこともない人とメールを通じて"友人"関係をはじめることもある。メールを通じていろいろと相談しあい，初めてあった時に自殺を図るという事件もおきている。話さなくても良い，顔を見なくても良い，文字だけという限られた情報だけであると，気楽に話せる（相談できる）関係が存在するのである。このような関係が，今後どのように広がるのかを見守っていく必要があろう。

引用文献

ベネッセ教育研究所　1999　高校生の他者感覚－ゆるやかな人間関係の持ち方－　モノグラフ・高校生，Vol. 56.

Caldwell, M. A. & Peplau, L. A.　1982　Sex differences in same-sex friendship. *Sex Roles*, **8**, 721-732.

Costanzo, P. R. & Shaw, M. E.　1966　Conformity as a function of age level. *Child Development*, **37**, 967-975.

橋本良明　1998　パーソナル・メディアとコミュニケーション行動－青少年にみる影響を中心に－　竹内郁郎・児島和人・橋本良明（編著）　メディア・コミュニケーション論　北樹出版　Pp. 117-138.

Hays, R. B.　1988　Friendship. In S. W. Duck (Ed.), *Handbook of personal relationships*. New York : John Wiely & Sons Ltd. Pp. 391-408.

井上健治　1966　青年と人間関係　沢田慶輔（編）　青年心理学Ⅲ　東京大学出版会　Pp. 195-224.

La Gaipa, J. J.　1979　A developmental study of the meaning of friendship in adolescence. *Journal of Adolescence*, **2**, 201-213.

NHK世論調査部（編）　2000　現代日本人の意識調査（第五版）　日本放送出版協会

日本性教育協会（編）　2001　「若者の性」白書－第5回青少年の性行動全国調査報告－　小学館

佐竹宣夫　1992　友情と仲間－青年と集団活動－　久世敏雄（編）　青年の心理と教育　日本放送出版協会　Pp. 76-89.

Sherrod, D.　1989　The influence of gender on same-sex friendships. In C. Hendrick (Ed.), *Close relationships*. Newbury Park, CA. : Sage. Pp. 164-186.

総務庁青少年対策本部　1991　現代の青年－第5回青少年の連帯感などに関する調査報告書－　大蔵省印刷局

総務庁青少年対策本部　1997　日本の青少年の生活と意識－青少年の生活と意識に関する基本調査報告書－　大蔵省印刷局

総務庁青少年対策本部　1997　情報化社会と青少年－第3回情報化社会と青少年に関する調査報告書－　大蔵省印刷局

総務庁青少年対策本部　1999　世界の青年との比較からみた日本の青年－第6回世界青年意識調査報告書－　大蔵省印刷局

総理府広報室　1955　青少年の社会的関心　大蔵省印刷局

田中熊次郎　1975　新訂・児童集団心理学　明治図書

上村修一・井田美恵子　2001　携帯電話とインターネットの利用状況－「メディアと生活」調査から－　放送研究と調査，8月号

和田　実　1990　青年の対人関係の変容　久世敏雄（編）　変貌する社会と青年の心理　福村出版　Pp. 83-102.

和田　実　1993　同性友人関係－その性および性役割タイプによる差異－　社会心理学研究，**8**, 67-75.

和田　実　1996　同性への友人関係期待と年齢，性，性役割同一性との関連　心理学研究，**67**, 232-237.

和田　実　2001　性，物理的距離が新旧の同性友人関係に及ぼす影響　心理学研究，**72**, 186-194.

和田　実・廣岡秀一・林　文俊　1986　大学生の交友関係の進展に関する研究（1）　日本社会心理学会第27回・日本グループダイナミックス学会第34回合同大会発表論文集，73-74.

Wheeler, L. & Nezlek, J.　1977　Sex differences in social participation. *Journal of Personality and Social Psychology*, **35**, 742-754.

6章
恋愛と性行動

和田　実

　愛（恋愛）は，人間にとって大変重要なものである。にもかかわらず，心理学で科学的に，また体系的に研究されるようになったのは1960年代に入ってからである。

　好意（liking）と愛情（loving）の違いは，量的な相違ではなく，質的な相違であると考えられている。バーシェイドとウォルスター（Berscheid & Walster, 1978）は，以下の3点で好意と愛情は異なるとしている。第一に，愛情においてはファンタジーが非常に重要な役割を演じているのに対し，好意はもっと現実と結びついている。第二に，愛情の関係は正・負の感情をともに含みうる（すなわち，同じ人を愛しもし，また憎みもできる）のに対し，好意の関係はただ一つの型の感情を含む。第三に，好意は時間が経つにつれてより持続するようになるのに対し，愛情は時間が経つにつれて弱まりやすい。

　本章では，年齢増大とともに異性との関係が形成されているのかどうかを検討し，さらにそれに伴う性意識，性行動について検討する。

1 異性関係の形成

まず,"異性に近づいて親しくなりたいと思ったことがあるか"についての結果を図6-1に示した（日本性教育協会, 2001）。中学生では"ある"とする者の割合が60%前後であるが,大学生では90%を越えている。

次に,"恋人とよべる人"の結果を図6-2に示した（日本性教育協会, 2001）。"いる"と回答した者は,中学生,高校生,大学生へと徐々に増えている。中学生で約13%であるのに対し,大学生で40%弱である。一方,"いないが,特にほしいとは思わない"とする者の割合が徐々に減っている。ただし,大学生でも"いないが,特にほしいとは思わない"とする者が20%ほどいる。

このように,年齢増大とともに,異性に近づいて親しくなりたいと思う者が増え,実際に恋人がいる者が増えている。

なお,恋愛関係についての心理学的研究は松井（1993）や諸井ら

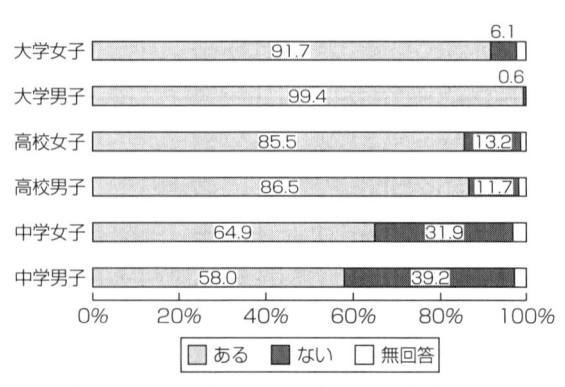

	ある	ない	無回答
大学女子	91.7		6.1
大学男子	99.4		0.6
高校女子	85.5	13.2	
高校男子	86.5	11.7	
中学女子	64.9	31.9	
中学男子	58.0	39.2	

図6-1 異性に近づいて親しくなりたいと思ったこと

6章 恋愛と性行動　89

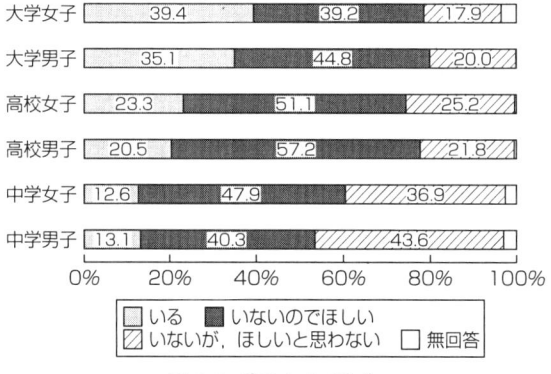

大学女子	39.4	39.2	17.9
大学男子	35.1	44.8	20.0
高校女子	23.3	51.1	25.2
高校男子	20.5	57.2	21.8
中学女子	12.6	47.9	36.9
中学男子	13.1	40.3	43.6

□ いる　■ いないのでほしい
▨ いないが,ほしいと思わない　□ 無回答

図6-2　恋人とよべる人

(1999) に詳しいので,参照してほしい。

2　性に対する意識

(1)　性的寛容さ

　性に対する意識についての研究は,これまでのところ主として,性行動の許容範囲を通しての性に対する意識を調べている。すなわち性的寛容さである。性的寛容さを測る一つの指標である"婚前交渉の是非"について,NHK世論調査部の「日本人の意識調査」の結果 (NHK世論調査部編, 2000) をみよう。調査時点 (1998年) で16歳～19歳の者で"結婚式がすむまでは,性的まじわりをすべきでない"という厳格型の者は男性8%,女性13%である。20～24歳の者は男女ともに3%である。一方,"結婚の約束をした間柄なら,性的まじわりがあってもよい"+"深く愛し合っている男女なら,性的まじわりがあってもよい"+"性的交わりを持つのに,結婚とか

愛とかは関係ない"とする解放型の割合は16歳〜19歳の男性で88％，女性で83％であった。調査時点で20〜24歳の者では男性96％，女性94％であった。

第1回調査の1973年時点からの解放型の変化を16〜19歳についてのみ図6-3に示した。この結果から二つのことが読みとれる。第一に，年々，解放型の割合が増えているということである。第二に，年々，男女の考え方が一致してきた，すなわち男女差がなくなってきたということである。二重基準の崩壊である。二重基準とは，性行動の抑制を女性のみに求めることをいう。

次に，性に対する寛容さに関する他の項目の結果をみておこう。"お金や物をもらったりあげたりしてセックス（性交）をすること"，"愛情がなくてもセックス（性交）をすること"の結果（日本性教育協会，2001）を図6-4, 5に示した（無回答は"わからない"に含めた）。いずれも性差がみられ，女性よりも男性の方が，"お金をもらってセックスすること"，"愛情がなくてもセックスすること"を"かまわない"とする者の割合が高い。さらに，若干の例外

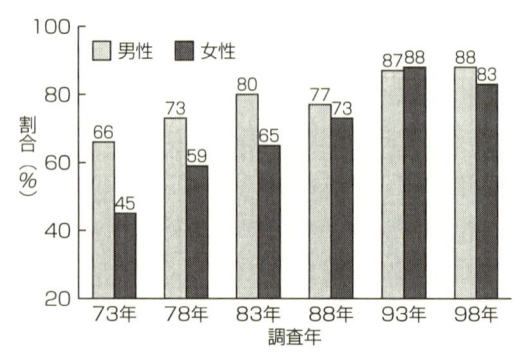

図6-3 「解放型」性意識の変化（16〜19歳）

```
                5.0                                              4.3
大学女子 │ 8.7 │20.0│          61.9          │
                7.9                                              6.3
大学男子 │ 9.1 │ 25.5 │         51.2        │
                5.4                                              4.9
高校女子 │ 8.5│15.2│           66.0           │
高校男子 │12.7│11.7│17.8│       49.1       │ 8.8 │
          4.9 4.2                                                7.8
中学女子 ││ 13.3 │          69.8          │
                6.9
中学男子 │8.7│ 14.0 │       54.0       │ 16.4 │
       0%    20%    40%    60%    80%   100%
```

□ かまわない ■ どちらかといえばかまわない
▨ どちらかといえばよくない □ よくない ■ わからない

図 6-4 お金をもらってセックスすること

```
                                                                 3.0
大学女子 │ 8.5│ 9.4│    36.4    │     42.7     │
                                                                 6.7
大学男子 │ 14.5 │ 22.2 │  34.9  │    21.6    │
        7.2 7.6                                                  6.0
高校女子 ││   24.6   │        54.6        │
高校男子 │  19.4  │ 18.7 │  25.6  │  25.9  │ 10.4 │
         4.7 5.7
中学女子 ││ 19.9 │       57.9       │ 11.9 │
中学男子 │ 13.8 │ 8.8│ 18.0 │   32.9   │  26.6  │
       0%    20%    40%    60%    80%   100%
```

□ かまわない ■ どちらかといえばかまわない
▨ どちらかといえばよくない □ よくない ■ わからない

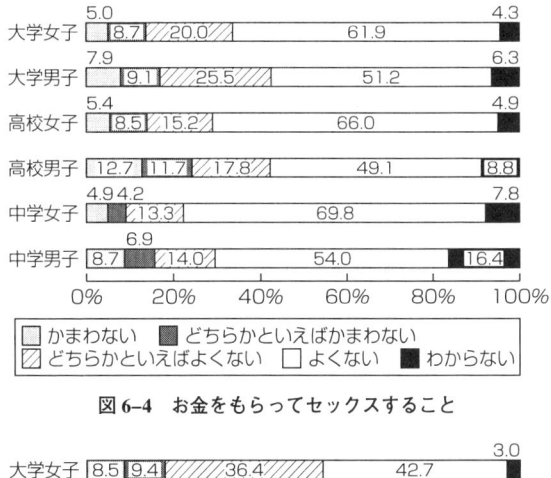

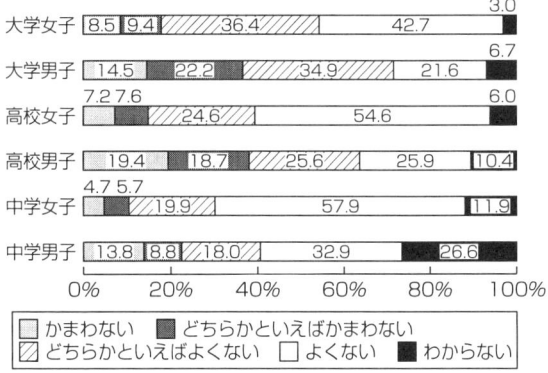

図 6-5 愛情がなくてもセックスすること

はあるが，中学生よりも高校生，高校生よりも大学生の方が"かまわない"とする者の割合が高い。前者の結果は，女性よりも男性の方が性的に寛容であることを表している。また，青年期の恋愛関係を六つの類型（Ludus, Mania, Pragma, Eros, Storge, Agape）に分けて研究したヘンドリックらの一連の研究（Hendrick *et al*., 1984；

Hendrick & Hendrick, 1986；Hendrick & Hendrick, 1988）の結果によると，男性の方が女性よりも Ludus（遊びの愛）の得点が高いという。こういった性差も性に関して寛容か否かに影響しているのであろう。

さらに，"同性と性的行為をすること"の結果（日本性教育協会, 2001）を図 6-6 に示した（無回答は"わからない"に含めた）。性差がみられ，男性よりも女性の方が"かまわない"とする者の割合が高い。大学女子においては，"かまわない"＋"どちらかといえばかまわない"の割合が 48.4％ と半数にせまっている。

大学生を対象とした調査から同じような結果を和田（1996）が見出している。彼は同性愛に対する態度を調べ，因子分析の結果，三つの因子を抽出している。それらは，"社会的容認度"，"心理的距離感"，"ポジティブイメージ度"であった。性差の検討によると，男性よりも女性の方が同性愛者を社会的に容認しており，女性より男性の方が同性愛者と心理的に距離をおいており，特に男性は男性

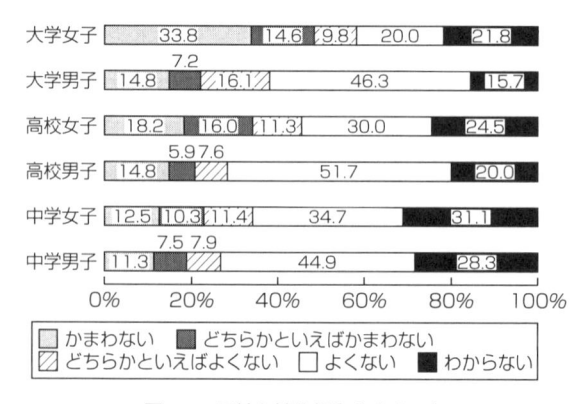

図 6-6 同性と性的行為をすること

の同性愛者と心理的に距離をおいていた。さらに，男性よりも女性の方が同性愛者をポジティブにイメージしていた。これらは，いずれも女性よりも男性の方が同性愛について好ましく思っていないことを表している。

　なぜ，男性よりも女性の方が"同性と性的行為をすること"を許容しているのであろうか。和田（1996）は，次の2点から解釈している。第一に，男女の同性友人関係の相違から説明されるという。5章でも検討したように，女性の友人関係は情緒的であるのに対し，男性の友人関係はそうではないことが明らかとなっている。つまり，異性間と異なり，男性では同性間での情緒的な結びつきを考えにくいのである。また，男性同士よりも女性同士の方が会話の際の対人距離が小さいことが明らかとなっている（青野，1979；井原，1981）。すなわち，男性よりも女性の方が情緒的にも，物理的距離的にも同性同士で近くにおり，同性同士の結びつきに慣れ親しんでいる。したがって，男性よりも女性の方が同性愛の容認度が高く，心理的に距離をおかないということになるのであろう。第二に，社会からの性役割期待およびそれと結びついたステレオタイプが大きく影響しているという。2章で検討したように，男性と女性で望ましいとされる性格特性が異なることが明らかとなっている。すなわち，女性よりも男性に"行動力のある"，"指導力のある"，"意志の強い"などが，男性よりも女性に"細やかな"，"繊細"，"おしゃれな"などが，一般により多く期待されているとみている。男性に期待される役割をもった者同士が恋愛（愛情）関係にあるというのは非常に結びつきにくい。また，女性的な身体特徴を持つ男性が同性愛者であると推定される確率の方が，男性的な身体特徴をもつ女性が同性愛者であると推定される確率よりも高い（Deaux & Lewis,

1984）という。

（2） 他の性意識

これまでは，"性的寛容さ"について検討してきた。しかし，ヘンドリックら（Hendrick *et al*., 1985）は，性的寛容さが性に対する態度においてもっとも重要としつつ，性に対する態度の多次元性を仮定し，大学生を対象とした調査結果によってこのことを確認している。それらは，性的寛容さ，性に対する責任性，性による交流，性の道具性，性の因習性，性の回避，性による統制，性による勢力行使である。しかし，実際には信頼性等の検討結果から，最初の五つの次元で分析を進めている。その結果を簡単に記すと，次のようであった。

①女性よりも男性の方が性に対して寛容である。ただし，ニュートラルポイントで考えると，男女ともに婚前性交に寛容であるが，婚外交渉にはともに反対している。
②男女ともに責任性のある方向によっているが，男性よりも女性の方がいくらか高い。
③性は互いにとっての最大の情緒的交流であると考えるのは，男性より女性の方が高い。
④女性より男性の方が性を道具的に考える方向にある。ただし，ニュートラルポイントを考えると，男女ともに非道具的方向にある。
⑤男性より女性の方が性に関して保守的である。

本邦においても，大学生を対象に和田・西田（1991）が性に対する態度の多次元性を検討している。因子分析の結果，"性的寛容さ"，"性的責任性"，"性の道具性"の3因子を抽出している。これらには性差がみられることも明らかになっている。すなわち，女性よりも男性の方が性に対して寛容である。一方，男性よりも女性の方が性にともなう責任を意識している。さらに，女性より男性の方が性

を道具的なものとみる傾向がある。

3 性 行 動

(1) 性行動経験およびその時代的推移

テレビや週刊誌では，最近の少年・少女の性行動がすすんでいると騒がれることが多い。事実，初めて性交を経験した年齢は世代が若くなるにつれて低年齢化している。宗像（1992）によると，初回性交経験年齢の平均は，60～64歳代は24歳であったのが，50歳代は23歳，40歳代は22歳，30歳代は21歳，25～29歳代は19歳，20～24歳代では18歳である。

また，日本性教育協会（2001）が中学生から大学生を対象として実施した「青少年の性行動全国調査（第5回）」（1999年実施）の結果を，過去の結果とあわせて表6-1に示した。もっとも新しい第5回の調査結果によると，キス経験率は男子中学生13.2%，女子中学生12.2%，男子高校生41.4%，女子高校生42.9%，男子大学生72.1%，女子大学生63.2%であった。性交経験率は，男子中学生3.9%，女子中学生3.0%，男子高校生26.5%，女子高校生23.7%，男子大学生62.5%，女子大学生50.5%であった。

調査年による推移を見ると，調査ごとに早期化が進んでいると言える。ただし，これまでの調査結果からいくつかの特色を指摘できる。第1回調査では，デートを除くすべての性行動で，女性よりも男性の方が経験率が高かった。第2回調査では，高校生において各種の経験率で女子が男子を上回る"乗り越え現象"が生じているが，大学生においては男子と女子の経験率が収斂する現象が生じていた。第3回調査は，前回調査と比べ，高校生に関して言えば，種々の経

表 6-1 経験率の推移

(%)

経験の種類	学校	男子					女子				
		1974年	1981年	1987年	1993年	1999年	1974年	1981年	1987年	1993年	1999年
キ ス	中学			5.6	6.4	13.2			6.6	7.6	12.2
	高校	26.0	24.5	23.1	28.3	41.4	21.8	26.3	25.5	32.3	42.9
	大学	45.2	53.2	59.4	68.4	72.1	38.9	48.6	49.7	63.1	63.2
ペッティング	中学				3.9					2.6	
	高校	13.9	13.1	17.8	18.2		9.6	15.9	14.7	16.5	
	大学	45.2	40.3	53.3	60.6		17.9	29.9	34.1	42.8	
性 交	中学			2.2	1.9	3.9			1.8	3.0	3.0
	高校	10.2	7.9	11.5	14.4	26.5	5.5	8.8	8.7	15.7	23.7
	大学	23.1	32.6	46.5	57.3	62.5	11.0	18.5	26.1	43.4	50.5

(注) 1974年, 1981年は高校生・大学生（含短大）のみを対象に行われた。その他の空白部分は, 調査項目に含まれていなかったものである。また, 1987年からは大都市・中都市に加えて町村部でも調査が行われたので, それ以前とはデータの性質が若干異なっている。

験率は上昇しておらず, "落ち着き" がみられる。一方, 大学生の性行動に関しては, 確実に経験率が上昇し, 早期化が進んでいる（大学生では, 前回調査より 10% を越える性交経験率の伸び）。第4回調査で, 前回調査と比べて大きく変化したのは, 大学生のキス, ペッティング, 性交の経験率であった。前回よりもさらに早期化が進んでいる。前回の調査で "落ち着き" が生じてきているとみられた高校生で, キスおよび性交（ただし女子のみ）の経験率が大きく上昇した。中学生の経験率は大きく変化していなかった。第5回調査では, 中学生と高校生のキス, 高校生と大学生の性交経験率が大きく増えた。はじめて女子大学生の性交経験率が半数を超えた。

はたして，性行動の活発化は問題であろうか。性を共有する相手をもてない若者，人間関係を成立させることができない若者，TVゲームやビデオとしか会話のできない若者の方が問題ではないだろうか。ただ，問題は性行動を行う動機（きっかけ）とそれにともなう問題（妊娠，性感染症など）であろう。そこで，次にこの点を検討していこう。

　まず，日本性教育協会（2001）による性交経験の動機やきっかけの結果を図6–7に示した（回答方法は複数選択可）。"好きだったから"というのが60〜70％と一番高くなっている。一方で，"ただ何となく"というのが年齢が低いほど，すなわち中学生ほど多くなっている。男子中学生が16.3％，女子中学生が18.2％である。また，女性よりも男性の方が"好奇心から"，"経験してみたいと思ったから"の割合が高い。

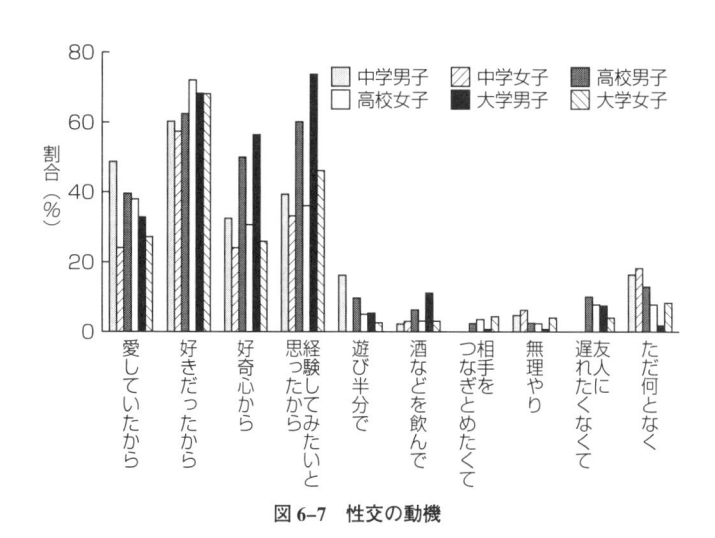

図6–7　性交の動機

次に，同じ調査による初めての性交の相手の結果を図6-8に示した（図の"恋人"の中には，"婚約者・配偶者"と回答した者も含めた）。いずれも"恋人"と回答した者の割合がもっとも高くなっている。また，女性よりも男性の方が"友人"と回答する者の割合が高い。前回の第4回調査と比べると，中学生においてかなり異なっていた。第4回調査では，"恋人"と回答した者が男子中学生では36.8％，女子中学生では53.3％であった（第5回は，順に，76.7％，89.5％）。一方，"ソープランド・風俗産業"の割合は，男子中学生で26.3％であった。女子中学生は"その他"が20％であった。"恋人"の割合が増え，男子の"ソープランド・風俗産業"（第5回は6.7％）が減っているのである。さらに，相手の年齢をみると，男子中学生の場合，"自分より年上"と回答した者は第4回調査では36.8％であったのに，第5回調査では14.0％と減少し，"自分と同じ年"と回答した者は47.4％から65.1％へと増大していた。女子中学生の"自分と同じ年"は，33.3％から45.5％へと増大していた。これらのことから，性行動の低年齢化は非行化によってではなく，日常化によって進行していると言えよう（日本性教育

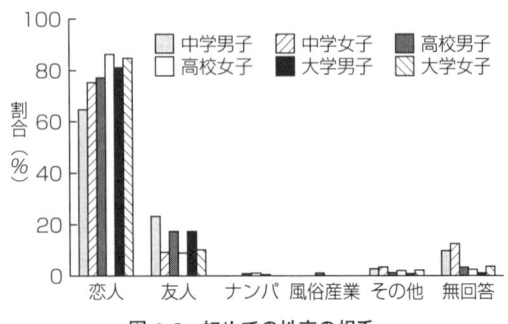

図6-8　初めての性交の相手

協会，2001）。

次に，同じ調査の性交経験の評価を図6-9に示した。いずれも"経験してよかった"とする者がもっとも多い。しかし，女子中学生では"経験してよかった"とする者が約50％と少ない。また，男子中学生を除いて，"どちらとも言えない"とする者が20〜25％いる。

さらに，性交にともなう結果としての妊娠についてみておこう。図6-10に人工妊娠中絶率の推移を示した（河野，2000より）。約30年前に比べて，20歳以上の者が半分になっているのに対し，20歳未満の者は2倍以上になっている。厚生労働省調べによる2000年のデータによると，人工妊娠中絶件数は34万1146件であり，そのうち20歳未満は4万4477件となっている（朝日新聞2001年9月9日より）。

望まない妊娠を避けるために，きちんとした避妊が必要である。しかし，それが非常におろそかになっているのが現実である。青年

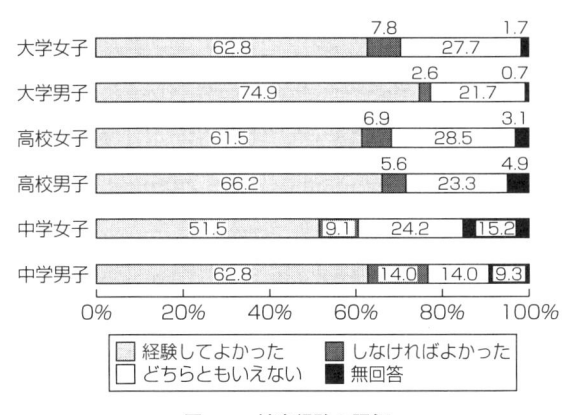

	経験してよかった	しなければよかった	どちらともいえない	無回答
大学女子	62.8	7.8	27.7	1.7
大学男子	74.9	2.6	21.7	0.7
高校女子	61.5	6.9	28.5	3.1
高校男子	66.2	5.6	23.3	4.9
中学女子	51.5	9.1	24.2	15.2
中学男子	62.8	14.0	14.0	9.3

図6-9 性交経験の評価

図 6-10 人工妊娠中絶率の変化

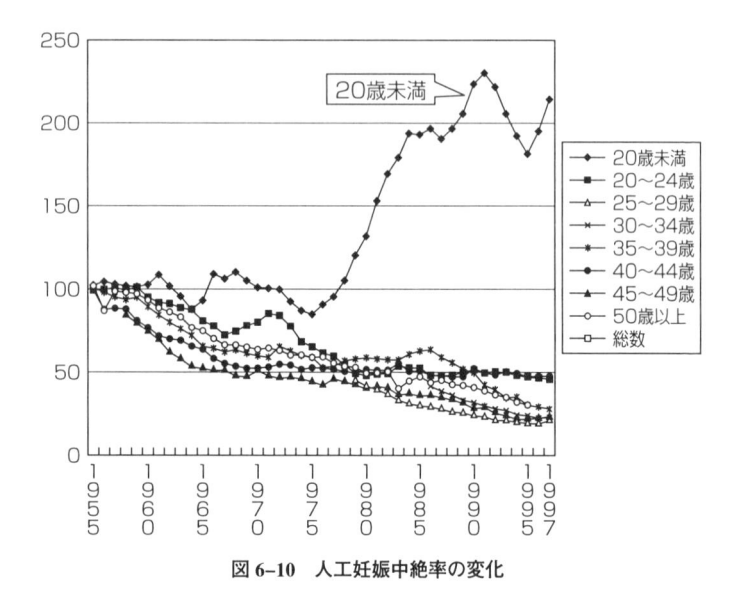

期も例外ではなく，日本人は避妊にコンドームを使うのがもっとも多い。1997 年の日本産婦人科学会の報告によると 19 歳までの妊娠 1615 例のうち 78.6% がコンドーム，膣外射精が 2.6%，オギノ式が 0.4%，ピルが 0.2% であった（河野，2000 による）。

さらに，避妊状況を示したのが図 6-11 である（日本性教育協会，2001）。"いつもしている"とする者は，高校生では 50% 前後で，中学生と大学生は 60% 台である。言い換えると，4 割から 5 割の者がいつも避妊をしているわけではないということである。さらに，高校生の避妊状況によると，男女とも初交時の避妊の割合は 50～60% 台と高いが，2 回目以降は 30% ほどに減っているという（河野，2000 による）。

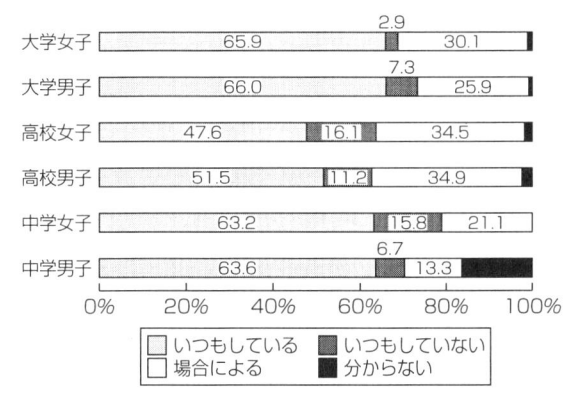

図 6-11 セックスの時避妊しているか

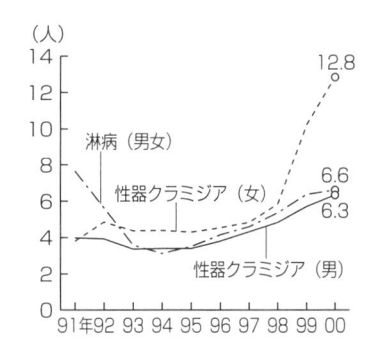

凡例：いつもしている／いつもしていない／場合による／分からない

- 大学女子: 65.9 / 2.9 / 30.1
- 大学男子: 66.0 / 7.3 / 25.9
- 高校女子: 47.6 / 16.1 / 34.5
- 高校男子: 51.5 / 11.2 / 34.9
- 中学女子: 63.2 / 15.8 / 21.1
- 中学男子: 63.6 / 6.7 / 13.3

図 6-12 医療機関当たりの性感染症患者数（15〜24歳）

注：厚生労働省の感染症発生動向調査

「コンドームは確実に使えば，安いし，医師の処方箋なしでも買えるし，STD（筆者注：性感染症）も予防できるので一石三鳥もある」（河野，2000: p. 41）のは明らかである。最後に，厚生労働省の感染症発生動向調査の結果を図6-12に示した（朝日新聞2001年9月9日より）。確実に性感染症が増えている。しかも，自覚症

状のないクラミジアが増えている。

(2) 性行動の個人差をもたらすもの

同年齢集団の中に相対的に性的経験の早い者（先行型）とそうでない者がいる。この違いをもたらすものはなんであろうか。日本性教育協会（1997）は，先行型になりやすい青少年とそれ以外の者の生活環境を比較すると，次のような明瞭な相違があったという。①親元以外から通学している者，②自分だけの部屋を持っている者，③自分の車やバイクを持っている者，④アルバイトをしている者，の方が，そうでない者に比べて先行型になりやすいという。それらの違いは，親や家族の監視，異性との交際のための用具（車やお金）や機会の大小を表しているからであるという。

次に，日本性教育協会（1997）による性行動経験の有無と学校および家庭の"楽しさ"（図6-13）の関係を検討しよう（日本性教育協会（2001）には残念ながら，これら二つの要因をクロスさせたデータはない）。デート，キス，性交に関して，既経験者と未経験者を比較してみると，中学生，高校生ともに学校に対しては差がない。しかし，家庭に対しては"楽しい"と答える割合に差があった。この傾向は，中学生のキスと性交，高校生の性交のように，相対的に経験率の低い行動ほど著しかった。つまり，未経験者よりも既経験者の方が"楽しくない"，"どちらともいえない"の割合が高くなっている。大学生では，先行型とそうでない者とに差はない。すでに指摘した第5回調査の中学生のように性交経験は一般化してきており，現在ではいずれも差がなくなってきているのかも知れない。

また，和田・西田（1992）は，さらに広範な要因と性行動の進展との関連を大学生について検討している。恋人の有無，家庭の経済

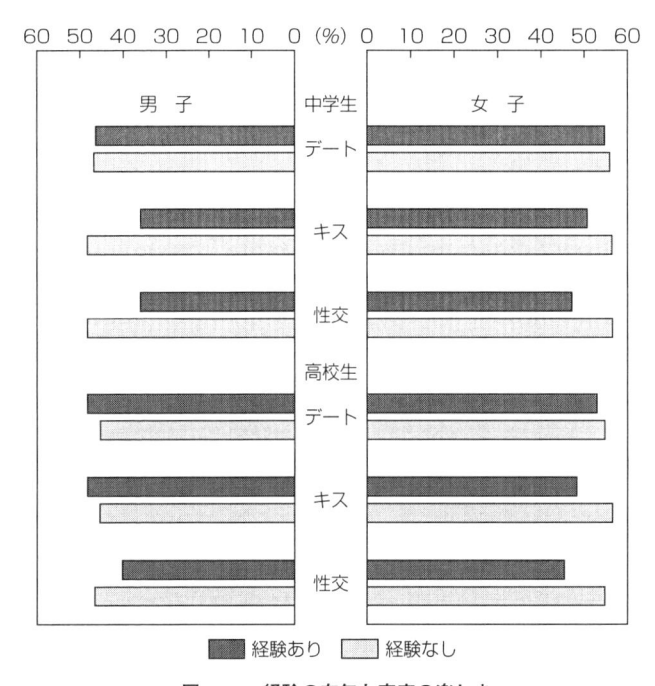

図6-13 経験の有無と家庭の楽しさ
注）自分の家庭が「楽しい」と感じている者の比率

的状況，本人の住居形態，両親の学歴などである。結果によると，恋人がいない者よりも恋人がいる者の方が，自宅生よりも下宿生の方が性行動が進展していた。

さらに，性行動進展の規定因を調べるために，①個人的背景（年齢，住居形態（自宅，下宿），大学での成績，1カ月に自由にできるお金，恋人の有無），②家庭環境（家庭の経済的クラス，親の成績重視度，父母の性についての考え方，家族との性についての話），③友人関係（友人数，友人関係全般），④社会意識（規範意識，身

近な事象への関心・社会的事象への無関心，自分の感覚や実感の重視）を独立変数とした重回帰分析を男女別に行っている。

　結果によると，明らかな性差がみられた。男性の性体験レベルは，年齢，大学の成績，自由なお金，恋人の有無，および家庭の経済的クラスによって大きく規定された。すなわち，年齢が大きくなるほど，自由にできるお金が多い者ほど，恋人がいない者よりいる者の方が，また，家庭の経済的クラスが上だと思っている者ほど，性体験レベルが高くなる一方，成績が良いと思っている者ほど性体験レベルが低くなるのである。

　一方，女性の性体験レベルは，恋人の有無によってのみ規定された。すなわち，恋人がいない者よりいる者の方が性体験レベルが高くなるのである。

　以上のように，男女ともに，性体験レベルは恋人の有無によって大きく規定されることが明らかである。ただし，男性は自由にできるお金によっても規定されることを示しており，恋人以外での女性との金銭的な結びつきの可能性を示唆している。前述の日本性教育協会（1997）による，車をもっている者やアルバイトをしている者の方が性行動の先行型になりやすいという指摘と一致するものであろう。

　これまで検討してきたことから明らかなように，性意識と性行動ともに，男女差がなくなりつつある。二重基準の崩壊である。誰もの性行動経験の低年齢化にともない，家庭環境の影響はなくなってきたのであろうか。今後も検討していく必要があろう。

引用文献

青野篤子 1979 対人距離に関する発達的研究 実験社会心理学研究, **19**, 97–105.

朝日新聞 2000年9月9日朝刊（名古屋本社版）

Berscheid, E. & Walster, E. 1978 *Interpersonal attraction* (2 nd ed.). Needham, MA.: Addison–Wesley.

Deaux, K. & Lewis, L. L. 1984 Structure of gender stereotypes: Interrelationships among components and gender label. *Journal of Personality and Social Psychology*, **46**, 991–1004.

Hendrick, S., Hendrick, C., Foote, F. H., & Slapion–Foote, M. J. 1984 Do men and women love differently? *Journal of Social and Personal Relationships*, **1**, 177–195.

Hendrick, S., Hendrick, C., Slapion–Foote, M. J., & Foote, F. H. 1985 Gender differences in sexual attitudes. *Journal of Personality and Social Psychology*, **48**, 1630–1642.

Hendrick, C. & Hendrick, S. 1986 A theory and method of love. *Journal of Personality and Social Psychology*, **50**, 392–402.

Hendrick, C. & Hendrick, S. 1988 Lovers wear rose colored glasses. *Journal of Social and Personal Relationships*, **5**, 161–183.

井原成男 1981 個体間距離の発達と性差 教育心理学研究, **29**, 227–231.

河野美香 2001 十七歳の性 講談社（α新書）

松井豊 1993 恋ごころの科学 サイエンス社

諸井克英・中村雅彦・和田実 1999 親しさが伝わるコミュニケーション－出会い，深まり，別れ－ 金子書房

宗像恒次 1992 日本人のセックスとHIV感染リスク 宗像恒次・田島和雄（編） エイズとセックスレポート／JAPAN 日本評論社 Pp. 21–51.

NHK世論調査部（編） 2000 現代日本人の意識調査（第五版） 日本放送出版協会

日本性教育協会（編） 1997 若者の性はいま…－青少年の性行動第4回調査－ （財）日本性教育協会

日本性教育協会（編） 2001 「若者の性」白書－第5回青少年の性行動全国調査報告－ 小学館

和田実 1996 青年の同性愛に対する態度－性および性役割同一性による差異－ 社会心理学研究, **12**, 9–19.

和田実・西田智男 1991 性に対する態度および性行動の規定因（Ⅰ）－性態度尺度の作成－ 東京学芸大学紀要第1部門（教育科学）, **42**, 197

-211.
　和田　実・西田智男　1992　性に対する態度および性行動の規定因　社会心理学研究, **7**, 54-68.

7章
未来を目指して －進路選択－

諸井克英

　3章で触れたように，青年期の範囲には，「中学」，「高校」，「大学」という就学区分が含まれる。「中学」までは義務教育であるが，それ以降は個人の選択による。しかし，わが国の現状を考えると，「高校」までは半ば義務化しているといえよう。2001年の就学状況に関する文部科学省の速報によると，「高校等進学率」は96.9％，「大学・短大進学率」は48.6％に達している（毎日新聞，2001 a）。

　したがって，青年期には，次のような重要な進路選択があることになる。①進学する高校の種別，②高校卒業後の進路，③大学卒業後の進路。この章では，②や③に関わる問題を取りあげ，「フリーター」などの問題，すなわち青年期から成人期へと移行するのではなく，青年期に滞留し続ける現象にも触れる。

1 人生の拡大としての進路選択

(1) 大学への進学志望動機

　高校を卒業すると，基本的には①就職あるいは②就学の継続（専門学校，短大，大学など）のうちどちらかを選択することになる。戦後のわが国では，②の選択が多数派を形成していくことになる。しかし，1970年前半に大学での「留年現象」が顕在化した。その中で，「大学に進学した目的」がそもそもどのようなものであるかが心理学者によっても問題にされ，大学への進学志望動機に関わる心理学的研究の重要性が高まった（浜田，1975参照）。

　例えば，淵上（1984）は，高校生（県立普通高校）を対象として，大学進学動機と人的影響源との関連を検討した。ここでの人的影響源とは，進学に対する動機について主として影響をもたらした人物である。大学進学を促す動機は，5側面から成ることが見出された。各側面とそれぞれの測定項目の一部を以下に示す。

〔**大学の本来的機能**〕
　　専門知識を深めたい
　　自分の可能性を求める
　　など18項目から構成
〔**家族への配慮と規範機能**〕
　　親孝行のため
　　両親の面倒をみたい
　　など4項目から構成
〔**モラトリアム機能**〕
　　大学で遊びたい
　　開放感を味わいたい
　　など7項目から構成

表 7-1 大学への進学志望動機と人的影響源 (淵上, 1984 より)

教師	→	「大学の本来的機能」動機の上昇
父親	→	「モラトリアム機能」動機の低下
		「大学の経済価値機能」動機の上昇
母親	→	「大学の本来的機能」動機の低下
		「家族への配慮と規範機能」動機の上昇
友人	→	影響なし

〔**大学の副次的機能**〕
　大学でクラブに入りたい
　大学で多くの人に知り合いたい
　など5項目から構成
〔**大学の経済価値機能**〕
　裕福な生活を送りたい
　自由になるお金が欲しい
　など3項目から構成

淵上は，これらの動機と影響源の関係を調べ，表 7-1 に表す結果を得た。

(2) 青年期からの旅立ち－職をもつこと－

　先述した大学での「留年現象」は，一般的にいえば青年期への滞留と見なすことができる。大学院進学などの特別な場合を除くと，大学で学ぶことは，実社会へと飛び立つ準備期間だからである。

　自我同一性理論を提起したエリクソン（Erikson, 1959）は，青年期をもともとは金融用語であるモラトリアムに見立てた。近代社会では，青年期は，社会人になるための準備期間である。社会の側が，青年に対して社会的責任や義務の決済を猶予してくれる。そのため，青年は，社会的実験，遊び，冒険が許容され，自由精神を謳歌する反面，心理的彷徨を繰り返しながら，自我を確立していく。その結

果として，社会へと参加するのである。エリクソンによれば，次のような青年の特徴を認めることができる。①半人前意識と自立への渇望，②真剣かつ深刻な自己探求，③局外者意識と歴史的・時間的展望，④禁欲主義とフラストレーション。

小此木（1978）は，産業社会の進展とそれに伴う高学歴社会の中でモラトリアム状態が変容したことを指摘した。つまり，エリクソンによる過渡的位置づけではなく，次のような形で，それ自体が確立された有意味な時期となるのである。①半人前意識から全能感へ，②禁欲から解放へ，③修業感覚から遊び感覚へ，④同一化（継承者）から隔たり（局外者）へ，⑤自己直視から自我分裂へ，⑥自立への渇望から無意欲・しらけへ。青年は，既存社会の中に飲み込まれることを拒絶・回避しようと試み，モラトリアム期間の延長をはかるのである。つまり，小此木は，エリクソンのいう自我同一性拡散症を一つの社会的性格として普遍化していると見なしたといえよう。

下山（1986）は，このように青年期後期に特徴的な心性であるモラトリアム状態に着目し，「職業未決定」状態として計量的に把握することを試みた。この研究に基づき，下山（1992）は，尺度を整備し，モラトリアムが4側面から構成されることを認めた。以下に，側面ごとの測定項目の一部を記す。

〔回避〕
　何を基準にして将来の職業を考えたらよいのかわからない
　できることなら職業決定は，いつまでも先に延ばし続けておきたい
〔拡散〕
　望む職業につけないのではと不安になる
　職業決定のことを考えると，とても焦りを感じる

〔延期〕
　せっかく大学に入ったのだから，今は職業のことは考えたくない
　職業決定と言われても，まだ先のことのようでピンとこない
〔模索〕
　将来，やってみたい職業がいくつかあり，それらについていろいろ考えている
　職業に関する情報がまだ充分にないので，情報を集めてから決定したい
　（各尺度は上に示した項目を含め，各6項目から構成される）

そのうえで，彼は，モラトリアムとアイデンティティ（自我同一性）との関連を検討した。この結果を図7-1に表す。「拡散」や「模索」については，理論通りの明確な関連性が認められた。

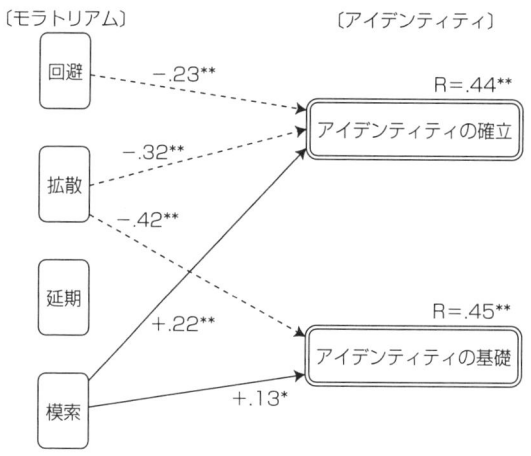

　　　　　　　　　　　　　　矢印の数値は標準化偏回帰係数
　　　　　　　　　　　　　　＊＊：p<.001；＊：p<.01

「アイデンティティの確立」：主体性，個性，社会性などの青年期後期の発達課題に関わる側面
「アイデンティティの基礎」：対人場面での不安や孤独感など情緒的安定性に関わる側面

図 7-1　大学生のモラトリアムとアイデンティティとの関連
ー重回帰分析の結果の要約ー（下山，1992 より）

青年のモラトリアム傾向を「職業未決定」傾向として捉える下山（1986）の枠組みは，多くの後続研究をもたらした。例えば，古市（1995）は，下山の概念を職業忌避的傾向という単一次元概念に縮減し，同一性地位（第3章参照）との関連を調べた。その結果，職業忌避的傾向を表す得点に「同一性達成＜早期完了＝モラトリアム＜拡散（危機前）＝拡散（危機後）」の傾向があることを認めた。これは，アイデンティティの確立が職業に対する肯定的態度を伴っていることを示している。

以上の研究の流れでは，青年期に滞留しようとする心理的傾向の存在が中心概念化されている。安達（1998）は，職業的発達の枠組みの中で大学生の就業動機を捉えた。彼女は，大学生の就業動機が以下に示す四つの側面から構成されることを見出したうえで，これらの側面と性格などの個人的傾性との関連を調べた。

〔探索志向〕
　将来就こうと考えている職業に関する情報には興味がある
　将来就きたい職業のために努力しようと思う
　など11項目から構成

〔対人志向〕
　周囲の人々とコミュニケーションしながら仕事をすすめたい
　仕事を通じて色々な人に出会いたい
　など10項目から構成

〔上位志向〕
　地位や名誉をもたらす職業に就きたい
　職場では高い役職につきたい
　など9項目から構成

〔挑戦志向〕
　世間で非常に難しいとされている仕事をやり遂げたい
　努力や能力を必要とする仕事がしたい
　など8項目から構成

例えば，成功回避動機（親和欲求の懸念，優越欲求の低さ，成功に対する懐疑）との関係では，興味深い男女差が認められた。「優越欲求の低さ」は，男女ともに「上位志向」と高い負の相関をみせるが，女性のほうで「探索志向」や「挑戦」と相対的に大きな負の相関が得られた。

2 青年期への固着

(1) 定職に就かない青年

スーパー（Super, 1957）は，人の一般的な発達の重要な側面として職業的発達を捉えた。彼によれば，職業的発達は，「生長」，「探索」，「確立」，「維持」，「下降」の5段階に分割される。職業的成熟とは，職業発達の連続線上で当該個人が到達した位置のことである。青年期は，「探索」段階に対応し，次の特徴をもつ。

①職業選択への方向づけの増加
②職業情報の量の増加，包括的で詳細な計画の立案
③職業に対する好みの一貫性の増加
④職業選択に関係のある特性の結晶化
⑤職業の好みについての知恵が増加

このような職業発達の考えに従えば，青年期は，社会の中で自分が就くべき仕事を探索し，そのような仕事を実際に見つけることによって，終結するといえる。しかし，近年，わが国では，就学を終えても，定職に就くことを忌避する青年，つまりフリーターが増加している。これは，職業発達の観点からは，先述した「留年現象」と同様に，青年期への意図的な滞留であるといえる。

高校卒業者に限定すると，「無業者」（自宅浪人生，アルバイトなど非正規就業者，無職）比率は，1992年に4.7％であったが，2000

年には 10.0％ に達している（日本労働研究機構，2000）。また，「純粋無業者」（非正規就業者，無職）に限定しても増加している（推計，1992 年 1.4％→1998 年 4.0％）。表 7-2-a には，都市圏の高校 3 年生の進路志望に関する調査の結果を示す（日本労働研究機構，2000）。全体としては，1 割をこえる高校生がフリーターを予定しており，実際の進路とは別に希望を尋ねると 2 割にのぼっている。さらに，次のような特徴も読みとれる。①普通高校で最もフリーター志向が強い，②女子のほうがフリーター志向が強い。

表 7-2-b は，フリーターを希望する理由のうち上位のものを表している。興味深いことに，男子は「進学には成績が不十分」という自分自身に関する理由を挙げているのに対して，女子は，「いい就職先がない」や「進学費用が高い」など本人の外部にある障害を挙げている。これは，女子のフリーター志向の高さが，スーパーの言う職業的成熟の低さではなく，女性の就労に関わる問題であることを示唆している。

表 7-2-a　高校 3 年生の 1 月時点の予定進路（日本労働研究機構，2000 より）

		正社員就職[a]	進学[b]	フリーター	フリーター志向[c]
普通高校	男子 ($N=2108$)	23.2％	60.4％	10.6％	22.9％
	女子 ($N=1958$)	25.9％	53.2％	17.0％	27.6％
商業高校	男子 ($N=411$)	36.5％	50.6％	8.5％	15.6％
	女子 ($N=748$)	45.2％	30.6％	13.8％	23.3％
工業高校	男子 ($N=1087$)	55.7％	33.3％	6.1％	16.5％
	女子 ($N=99$)	37.3％	48.4％	13.1％	26.3％

調査時期：2000 年 1 月；東京・埼玉・千葉・神奈川 52 校，$N=6855$
a：内定者と未内定者
b：専門各種学校・短大・大学の進学先決定者と未決定者
c：予定進路とは別に，高校卒業後にフリーターに「なりたい」者と「なるかもしれない者」

表 7-2-b　フリーターになることを考えた理由―上位の理由―(日本労働研究機構，2000 より)

〔男子〕
自分に向いた仕事がわからない	39.8%
時間の自由がある	31.6%
進学には成績が不十分	31.6%
とりあえず収入がほしい	31.1%
いい就職先がない	30.1%

〔女子〕
とりあえず収入がほしい	45.1%
時間の自由がある	42.6%
進学費用が高い	42.0%
いい就職先がない	41.4%
自分に向いた仕事がわからない	38.9%
好きな仕事だから	38.6%

30％以上の者が選択した理由
男子 $N=727$；女子 $N=741$

　村松（1995）は，関東甲信越圏に在住する男女フリーター（18～35歳，4割近くが高校卒業）と大学生（千葉・長野の国立大学生，18～25歳）の無気力感を比較した。彼は，無気力感の5側面について興味深い傾向を得た。「将来の方向の不明確さ」や「自己効力感欠如」の面では，フリーターの方が無気力であるといえ，「対人的無気力感」，「身体的疲労感」や，「無力性」の面では，大学生のほうが無気力であった。つまり，フリーターは，現時点で何かやれそうな気持ちに欠け，不十分な将来展望しかもっていない。対照的に，一般大学生の3側面での傾向は，「外部に吐き出せない不満の表れ」であり，教育制度の中での「独自の異議申し立て」と解釈された。

(2) 青年期の心理的機能の喪失

ホランド（Holland, 1985）は，職業選択の適切さを当該個人の性格タイプと当該の職業のタイプの一致にあると考えた。彼は，次の六つの性格タイプを仮定し，これらは遺伝や環境によって育まれる。

- ①**現実的タイプ**：明確で秩序的かつ組織的な操作を伴う活動を好み，教育的，治療的活動を嫌う。
- ②**研究的タイプ**：観察，言語的記述，体系的，創造的研究を伴う活動を好み，説得的，社会的活動，あるいは反復的活動を嫌う。
- ③**芸術的タイプ**：物，言語，人間性に関する素材の操作を伴う活動を好み，具体的，体系的，秩序的活動を嫌う。
- ④**社会的タイプ**：情報伝達，訓練，教育，治療，啓蒙を目的とした対人接触を伴う活動を好み，物，道具，機械を用いた具体的，秩序的，体系的活動を嫌う。
- ⑤**企業的タイプ**：組織目標の達成や経済的利益を目的とした他者との交渉を伴う活動を好み，観察，言語記述，体系的活動を嫌う。
- ⑥**慣習的タイプ**：組織や経済的目標の達成を目的としたデータの具体的，秩序的，体系的操作を伴う活動を好み，曖昧で基準がなく，探索的で非体系的な活動を嫌う。

彼は，職業環境も以上の①から⑥までの六つのタイプに類型化できると考えた。ホランドに従えば，本人の性格タイプを自覚させ，それに対応した職業に就かせることが重要となる。この考えは，そもそも6類型が妥当であるかという問題は別にして，かなりマニュアル的な進路指導を可能にしてくれる。しかし，何らかの職業環境に「入る」という青年の意志の存在を前提としており，先述したフリーターに関する対策になるかは疑問である。

青年の進路に関わる研究領域では，近年，進路に関する自己効力（career self-efficacy）の重要性が提唱されている。自己効力とは「ある課題を遂行できる可能性についての自分自身の判断」である。進路に関わる自己効力研究を概観した廣瀬（1998）によれば，自己

効力は三つの側面に分けることができる。①進路選択（どのような分野に対して自信をもつか），②進路選択過程（特定分野を自分の進路として選択する過程自体について，自信をもつか），③進路適応（選択した職業において満足や成功を得ているか）。

モラトリアムやフリーターなどの現象は，青年に自己効力感をいかに育ませるかが重要な鍵となる。さらに，廣瀬（1998）が概観しているように，女子青年が「男性的」と見なされた課題に自己効力を抱かない傾向は，女性の就労意欲に関わる問題となり，「男女共同参画社会」の実現にとって示唆的といえよう。

ところで，最近実施された国際比較調査（日本青少年研究所，2001）によると，表 7-3-a から分かるように，米国の中学・高校生の半数は，「家族からの経済的独立」の適当な時期が「高校卒業後」であると判断している。しかし，日本の場合は，「大学卒業後」や「就職後」と考える者が多い。さらに，表 7-3-b に示す通り，わが国の青年では，エリクソン（1959）が定義したように青年期が社会人になるための準備期間と見なされていない。わが国の場合，学校は何かを学ぶ場よりも交友の場として機能しているのである。このように自立をできるだけ先延ばしし，現時点での快を追求する姿は，ミシェル（Mischel, 1974）が提起した「充足遅延」能力によって説明できる。

「充足遅延」とは，現在よりもよりよい報酬を得るために，即時的充足を遅延させ，その遅延によって生じるフラストレーションに耐えることである。もしも，そのような能力が培われていなければ，その場限りの報酬に目が向くのである。ミシェルは「充足遅延」能力の前提として環境に対する信頼をあげているが，表 7-3-c に示すように，わが国の青少年は「21 世紀の社会」に対して極度な不

表 7-3-a 中学生と高校生における「経済的に独立する適切な時期」(日本青少年研究所, 2001 より)

	日 本	米 国
高校卒業前	3.8	23.4
高校卒業後	31.9	41.2
大学卒業後	32.1	14.8
就職後	27.3	13.0
結婚後	3.1	6.2

数値は百分率
設問:「家族から経済的に独立する時期はいつ頃が適当だと思いますか?」
対象:日本 $N=884$,米国 $N=871$

表 7-3-b 中学生と高校生における「学校生活で重要なこと」(日本青少年研究所, 2001 より)

	日 本	米 国
別にない	6.1	2.1
人格修養	9.6	5.3
特技の開発	4.4	8.3
就職準備	1.4	8.0
受験準備	2.9	19.6
友達関係	54.9	27.2
勉 強	19.0	26.9

数値は百分率
設問:「学校生活で重要だと思うものは次のうちどれですか?〈択一〉」
対象:日本 $N=884$,米国 $N=871$

表 7-3-c 中学生と高校生における「21 世紀の希望」(日本青少年研究所, 2001 より)

	日 本	米 国
とてもそう思う	8.3	26.8
まあそう思う	25.5	59.4
あまりそう思わない	46.6	7.5
全くそう思わない	15.5	4.4

数値は百分率
設問:「21 世紀は希望に満ちた社会」
対象:日本 $N=884$,米国 $N=871$

信を抱いているのである。その意味で,モラトリアムやフリーターなどの現象は,若者の意欲低下として単純に理解するよりも,きわめて心理 - 社会的なものとして把握する必要があるだろう。

3 何からの「卒業」なのか

　青年の心性を歌い続け伝説化したロック・シンガーである尾崎豊の「卒業」(1989)の一部を以下に示した。

　　行儀よくまじめなんて　出来やしなかった
　　夜の校舎　窓ガラス壊してまわった
　　逆らい続け　あがき続けた　早く自由になりたかった
　　信じられぬ大人との争いの中で
　　許しあい　いったい何　解りあえたんだろう
　　うんざりしながら　それでも過ごした
　　ひとつだけ　解っていたこと
　　この支配からの卒業

　　　　　　　　　　　　　　　　　（尾崎豊　作詞「卒業」）
　　　　　　　　　　　　　　　　　JASRAC 出 0201598-201

　われわれには，就学期に合わせて青年期も終わる「べき」という「思い込み」があるのではなかろうか。もはや「学校教育」がエリクソンの主張するようなシステムとして機能していないとすれば，学校からの卒業は単に「学校システムによる管理」からの解放を意味するだけであり，心理的自立を含意しているわけではない。「本当の自分にたどり」つくための際限なき「卒業」を経験することになる。

　エリクソン（1959）は，乳幼児期に形成される「基本的信頼感」が人間の成長にとって重要であることを提唱した。天貝（2001）は，「自他未分化な状態での信頼」から「自分に対する信頼／他人に対する信頼」というモデルを念頭に，青年期の信頼感の発達的変化を捉えた。彼女は，信頼感が①自分への信頼，②他人への信頼，③不信という3側面から成ることを明らかにし，中学生，高校生，大学

生，大学院生を対象にその3側面の変化を検討した。このことによって，図7-2に示す信頼感の発達モデル案が生成された。天貝が提起したダイナミックスは，青年期が就学期間とともに終わるのではなく，自他に対する確固たる信頼感形成のうえに「卒業」が実感されることを示唆していよう。

とりわけ，時代条件として，例えばわが国における不況長期化に伴う「終身雇用制」の崩壊（毎日新聞，2001 b）を考えると，「青年期の集結＝経済的自立」の典型化されたパターンとしての「企業への就職」という道筋の選択動機づけの低下をもたらしているともいえる。なぜなら，「終身雇用」はある意味で青年の就労動機づけを高めるシステムとして機能していたからである。したがって，青年期からの「卒業」も変貌した形にならざるを得ないのである。

青年期からの「卒業」の意味は，自らの社会的成功を「成りあがり」と自認する矢沢（1999）の次の言葉に表されているだろう。

　　おまえ自身に負い目がなくって，
　　自分で，てめえの手で
　　メシを食ってるんだという誇りをもつことだ。

（矢沢，1999）

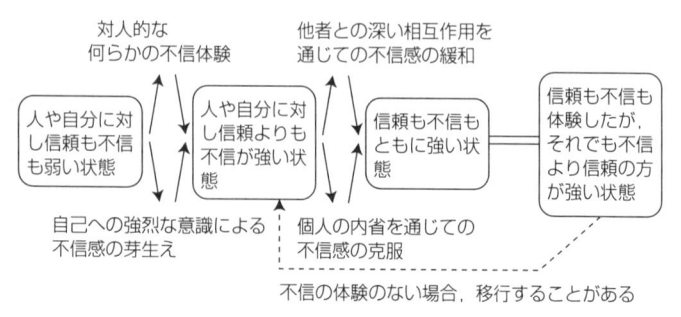

図7-2 信頼感の発達モデル案（天貝，2001より）

つまり，定型化されたライフコースを歩むことが「卒業」ではなく，このような「実感」をもつことが重要なのである。

引用文献

安達智子　1998　大学生の就業動機測定の試み　実験社会心理学研究，**38**, 172-182.

天貝由美子　2001　信頼感の発達心理学－思春期から老年期に至るまで－　新曜社

Erikson, E. H. 1959 *Psychological issues : Identity and the life cycle*. International University Press. 小此木啓吾（訳編）　自我同一性－アイデンティティとライフ・サイクル－　1973　誠信書房

淵上克義　1984　進学希望の意志決定過程に関する研究　教育心理学研究，**32**, 59-63.

古市裕一　1995　青年の職業忌避的傾向とその関連要因についての検討　進路指導研究，**16**, 16-22.

浜田哲郎　1975　志望動機の因子構造と因子類型に関する研究　テオリア（九州大学教養部哲学・心理学紀要），**18**, 1-17.

廣瀬英子　1998　進路に関する自己効力研究の発展と課題　教育心理学研究，**46**, 343-355.

Holland, J. L. 1985 *Making vocational choices*. Prentice-Hall. 渡辺三枝子・松本純平・舘暁夫（共訳）　職業選択の理論　1990　雇用問題研究会

毎日新聞　2001 a　今年度の学校基本調査速報から　8月27日朝刊

毎日新聞　2001 b　終身雇用完全崩壊　9月1日朝刊

Mischel, W. 1974 Processes in delay of gratification. *Advances in Experimental Social Psychology*, **7**, 249-292.

村松健司　1995　フリーアルバイターと大学生の無気力感に関する研究 I －現代青年の無気力への試論－　千葉大学教育学部教育相談研究センター年報，**12**, 21-32.

日本労働研究機構　2000　進路決定をめぐる高校生の意識と行動－高卒「フリーター」増加の実態と背景－　調査報告書，**138**, 日本労働研究機構

日本青少年研究所　2001　新千年生活と意識に関する調査－日本・韓国・アメリカ・フランス国際比較－　財団法人日本青少年研究所

小此木啓吾　1978　モラトリアム人間の時代　中央公論社

尾崎　豊　1989　卒業　SONY 10 EH-3248

下山晴彦　1986　大学生の職業未決定の研究　教育心理学研究，**34**, 20-30.

下山晴彦　1992　大学生のモラトリアムの下位分類の研究－アイデンティティの発達との関連で－　教育心理学研究, **40**, 121-129.

Super, D. E.　1957　*The psychology of careers: An introduction to vocational development.* Harper & Brothers. 日本職業指導学会（訳）　職業生活の心理学－職業経歴と職業的発達－　1960　誠信書房

矢沢永吉　1999　成りあがり　角川文庫

8章

諸井克英

浮遊する心 －青年の心理学的健康－

「子ども社会」から「大人社会」への移行期にある青年は，自分の存在価値を確かめる軸が曖昧であるがゆえに，種々の「不適応」を体験することになる。この章では，心理学的健康という面から，そのような移行期におかれた青年が示す特徴的な心性に触れる。

1 心理学的健康からみた青年の心性

(1) 心理学的健康とは何か

マスロー（Maslow, 1968）によれば，心理学的健康とは，「自己実現」に動機づけられた心理的状態にあることを意味する。マスローは，「欲求の階層組織」として人格を捉え，人間の基本的欲求を欠乏欲求と成長欲求に分けた。欠乏欲求とは，「ある満足が阻まれていることから生じ」，「安全，所属，同一化，親密な愛情関係，尊敬と名誉」などに対する願望である。他方，成長欲求とは，欠乏欲求が充足されているときに創造的活動つまり「自己実現」へと向か

う傾向である。欠乏欲求は他者によって充足されるという点で環境依存的である。対照的に、成長欲求に富む者は「独立自足的」である。マスローによれば、不断に「自己実現」への努力を払う「健康」な人々は、表8-1にあげた特徴を示すのである。重要なことは、「終日家事に追いまわされている」主婦でも、「独創的で、斬新で、器用で、思いもよらないもので、発明的」な仕方で家事を切り盛りすることによって創造的になり得るのである (Maslow, 1968)。

心理学的健康に関して膨大な実証的研究が取り組まれているが、コンプトンら (Compton *et al*., 1996) によれば、①個人的成長（肯定的な心理学的性質や潜在的可能性の完全な発達），②主観的幸福感（肯定的情動性と、自分の人生の受容可能性に関する認知的判断），③ストレス耐性的性格（心理社会的ストレッサーに対する免疫系反応や抵抗などの、身体的健康を促進する変数）の3側面に大別できる。彼らは、既存15個の尺度を大学生や一般人を対象に実施し（平均年齢25.8歳，18-83歳），主成分分析によって先の①と

表8-1 「健康人」の特徴 (Maslow, 1968 より)

1 現実の優れた認知
2 自己，他人，自然の高められた受容
3 高められた自発性
4 問題中心性の増大
5 人間関係における独立分離の増大と，プライバシーに対する高められた欲求
6 高められた自立性と，文化没入に対する抵抗
7 非常に斬新な鑑賞眼と，豊かな情緒反応
8 非常に頻繁に生じる至高体験
9 人類との一体感の増大
10 変化をとげた（臨床家は改善されたというであろう）対人関係
11 一段と民主化された性格構造
12 非常に高められた創造性
13 価値体系における特定の変化

②の 2 主成分を認めた。

　平石 (1990) は，青年の自己意識の観点から心理学的健康を問題にし，①健康－不健康，②対他者－対自己という二つの軸に基づいて心理学的健康の諸側面を明らかにすることを試みた。彼は，青年期臨床事例研究に著された青年の否定的で病理的な自己意識と肯定的で健康な自己意識を，他者との関係と自己自身という観点を加味しながら，抽出した。青年期にある者を対象とした予備調査や心理臨床家による吟味を経て，165 項目から成る調査票を作成した。この尺度は，先述した二つの軸に基づいて，「健康－対他者」，「健康－対自己」，「不健康－対他者」，「不健康－対自己」の四つの下位尺度から構成されている。

　彼は，この尺度を高校生と大学生に実施し，下位尺度ごとに主成分分析を行い，表 8-2 に示す主成分を抽出した。さらに，それぞれの分析で得られた主成分得点を対象とした高次の主成分分析を試みた。その結果認められた主成分を，「自己確立感」と「自己拡散感」と名づけ，エリクソン (Erikson, 1959) の自我同一性の考えに基づいて意義づけた。つまり，前者を自我同一性の確立，後者を自我同一性拡散と対応させた。

表 8-2　青年の自己意識の構造 (平石, 1990 より)

	健　康	不健康
対他者	自己表明・対人的積極性 異性・友人関係 他者受容	内閉性・人間不信 視線恐怖傾向・対人緊張 否定的対家族感情
対自己	自己実現的態度 充実感 自己受容・自己信頼感	目標喪失感・空虚感 不決断・自己不信感 衝動性・非現実感

諸井（1999）は，平石（1990）が得た結果を基本にしながら項目を選抜し，男女の大学生・短大生・専門学校生に実施した。確証的因子分析を試みたが，平石が提起した構造は認められず，通常の主成分分析によって男女それぞれで心理学的健康の構造を探索した。その結果，男子では8主成分解（対人緊張のなさ，充実感，自己実現的態度，開放性，自信，家族に対する肯定的感情，他者の受容，現実感覚），女子では6主成分解（自己実現的態度，対人緊張のなさ，心の緊張のなさ，家族に対する肯定的感情，自他の受容，異性への関心）が得られた。これらの側面と身体・心理的健康（身体的不調，抑うつ傾向，孤独感，自尊心）とを関連づけると，男女ともに「健康－不健康」の対極にある二つの被験者群が抽出された。

(2) 正常と異常との連続性

「健康－不健康」という軸に沿って青年の心理学的健康を捉えることは，そもそも両極が連続的になっているかという重要な問題を引き起こすことになる。次の節で例示するアパシーや摂食障害などの不適応現象は，健常者と異常者との連続性が前提となっている。いわゆる「些細な臨床的問題」を抱える健常者を対象にした研究知見は，異常域にある者の心理学的メカニズムの解明に役立つはずであるという仮定である（諸井，1996）。この仮定に基づいて，ブレームとスミス（Brehm & Smith, 1982）は，臨床実践への応用のための研究パラダイムを提起した。これを図8-1に表す。

しかし，抑うつの場合であるが，フレットら（Flett *et al*., 1997）は，連続性に関する次の4点での検討が重要であることを主張している。①現象学的連続性（軽水準，中水準，重水準での抑うつ症状と関連症状），②類型上の連続性（質的に異なる抑うつ下位タイプ

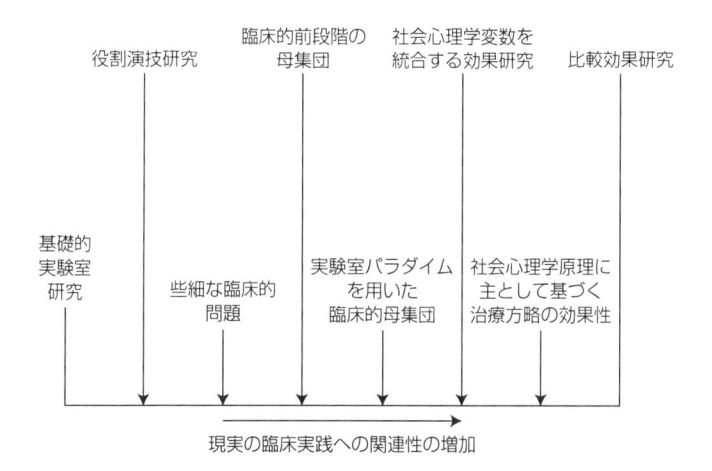

```
                                臨床的前段階の    社会心理学変数を
                  役割演技研究      母集団       統合する効果研究    比較効果研究
                      ↓            ↓             ↓              ↓
    基礎的                                     実験室パラダイム   社会心理学原理に
    実験室          些細な臨床的                 を用いた        主として基づく
    研究              問題                      臨床的母集団     治療方略の効果性
      ↓               ↓                         ↓              ↓
   ───────────────────────────────────────────────────────────────→
              現実の臨床実践への関連性の増加
```

図 8-1 臨床心理学への社会心理学の応用に関する研究方略の連続体（Brehm & Smith, 1982 より）

の存在），③病因論的連続性（軽度の抑うつが重度の抑うつに至る危険性の程度），④心理測定的連続性（抑うつ測度が抑うつ得点の範囲全体を査定できる能力）。つまり，「健康－不健康」という連続性はあくまで「仮定」として捉えるべきであり，不連続の仮定も可能であることを考慮しながら，種々の不適応現象を解明せねばならないのである。

2　青年期への滞留

　ここでは，アパシーや摂食障害など青年期に特徴的に現れる症状を通して，青年期におかれている者の心の揺れが実は青年期を離脱することの不安と固執につながることを示すことにしよう。

(1) スチューデント・アパシー

稲村（1989）は，現代青年に特徴的な症状としてアパシーを取りあげた。アパシーは，精神分裂病，うつ病などの内因性精神病や，頭部外傷後後遺症などの器質性精神病，その他の古くから定義されている精神疾患がないにもかかわらず，無気力で意欲がなく，物事に無感動，無関心で，無為な心理的状態が持続することを指す。わが国では，このような症状を呈する大学生が顕在化したことからスチューデント・アパシーという名称が一般的になっている。稲村は，アパシーを①経過，②程度，③特徴の点から分類したうえで，明治時代の青年もアパシーと類似した症状を示したことを夏目漱石の作品に依拠して主張した。『虞美人草』の甲野欽吾，『それから』の代助，『彼岸過迄』の須永である。稲村は，明治時代の青年と現代青年のアパシー症状の比較を行い，共通点と相違点を吟味し「時代性」を示唆したといえる。

下山（1995）は，①快体験の欠如，②自己不確実，③時間感覚の混乱というアパシーの心理的側面と，①強迫性格と②適応志向という性格的側面から成るアパシー心理性格尺度を作成した。男子大学生を対象に実施したところ，4側面が認められた。各側面と測定項目の一部を以下に示す。

〔張りのなさ〕
　よく眠れて朝は爽快な気分で起きられる
　毎日を何となく無駄に過ごしている
　など
〔自分のなさ〕
　一度決めたことでも人から言われると決心が変わりやすい
　自分が本当に何をやりたいのか分からない
　など

〔味気のなさ〕
　心から楽しいと感じる時がある
　自分の人生を生きているという実感がない
　など
〔適応強迫〕
　きちんとしていないと気が済まない
　人からの批判がとても気になる
　など
　(各尺度は上に示した項目を含め，各5項目から構成される)

そのうえで，下山は，これらのアパシー傾向と，意欲低下やアイデンティティ（自我同一性）との関連を検討した。意欲低下は，大学生の生活領域ごとの意欲低下を調べる尺度であり，「学業意欲低下」，「授業意欲低下」，「大学意欲低下」の3側面から成る。共分散構造分析によって妥当と見なされたモデルが図8-2に表してある。「大

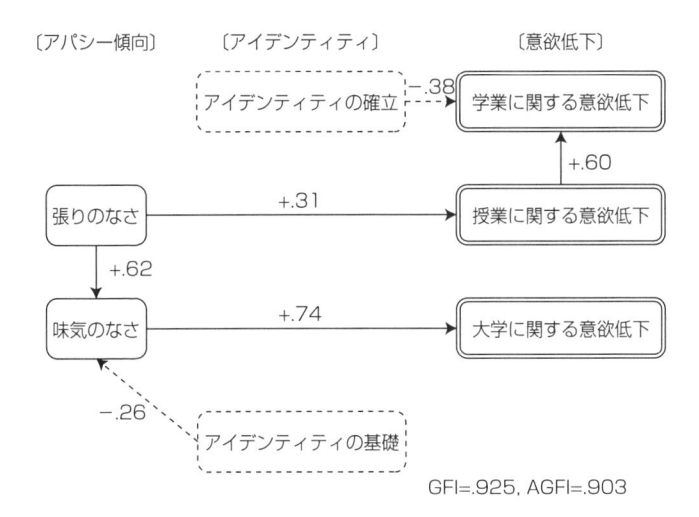

図8-2　男子大学生におけるアイデンティティ，アパシー傾向，および意欲低下の関係－共分散構造分析の結果－（下山，1995より）

学に関する意欲低下」の形成は,「アイデンティティの基礎」や「味気のなさ」の影響を受けている点で,他の意欲低下とは異なる過程によっていた。

宗像(1997)は,先行研究に基づき,アパシーを次の特徴をもつものと定義した。①生きがい・目標・進路の喪失,②情意の減退,③自己否定,④優劣勝敗への過敏さ,⑤受動性,⑥交友関係の貧困。彼は,これらの特徴を表す項目から成るアパシー傾向尺度を作成し,男女大学生に実施した。因子分析の結果,表8-3に示すように,アパシー傾向の構造の男女差が見出された。宗像は,男性の未来不安定因子と女性の自己否定因子を中心にこの差異を解釈した。つまり,男性では将来どう生きるかが自己の存在確認につながり,女性では現在の自己像のあり方が自己の存在にとって重要であるために,このような構造差がもたらされる。

下山(1997)は,スチューデント・アパシーに関する従来の研究を概観したうえで,日本の社会・文化的背景の変化を基盤として生じる「一般学生のスチューデント・アパシー傾向」と「障害として

表8-3　アパシー傾向の構造に関する男女差(宗像, 1997より)

〔男子〕
　未来不安定:未来に対する不安定感
　抑うつ:自己存在の極端な否定視,無意欲,憂うつ状態
　自己否定:自分の欠点に対する悩み,自信のなさ,
　対人関係困難:対人関係の希薄さ,人との受け身的関わり,漠然とした日常
〔女子〕
　意欲減退:意欲のなさ,無意味な日常
　未来不安定:将来の職業や生き方の不明確さ
　自己否定:自分の欠点の悩み,自信のなさ
　非自主性:物事に対する非自主的で受動的な対応
　自信欠乏:自分に対する自信のなさ,信頼感のなさ

表 8-4 スチューデント・アパシーに関する3次元構造モデル
（下山，1997より）

〔「悩まない」行動障害〕
　回避する：批判が予想される状況の選択的回避
　否認する：自らが対処すべき深刻な状況としての受けとめの欠如
　分裂する：一貫性のない行動の反復
〔「悩めない」心理障害〕
　自分のなさ：自分の欲求を意識化できず，周囲に同調
　実感のなさ：感情の動きに乏しく，生き生きとした実感の欠如
　張りのなさ：生活のリズムが乱れ，焦り感もない，
〔「自立適応強迫」性格〕
　強迫性：主観的にきちんとしていないと気が済まない
　受動的適応性：周囲の期待を先取りできる反面，自分の欲求が行動化できない
　自己愛的自立性：自分の欠点に敏感で，他者への感情伝達や情動的依存ができない

のスチューデント・アパシー」を区別する必要性を提起した。彼によれば，アパシーについての臨床的記述が多様・多岐にわたり，一つの臨床単位にまとめることが困難である。しかし，これは，スチューデント・アパシーが多次元的構造をもつ障害であると仮定すれば，解決される。つまり，理解の困難さは「多元的構造の一断面」のみに触れているからであり，多次元的構造の中で臨床事例を位置づければ，アパシーの統合的な理解が可能になる。

このような考えに基づいて，下山（1997）は，①行動障害，②心理障害，③性格傾向という三つの次元からアパシーの類型化を作業仮説的に試み，最終的に「障害としてのスチューデント・アパシー」に関する3次元構造モデルを提案した。これを表8-4に示す。

興味深いことに，以上に述べた「スチューデント・アパシー」と類似した症状が男性社会人にも認められることを延島（1989）が指摘している。つまり，以下に示す「サラリーマン・アパシー」であ

り，オイル・ショック（昭和53年）後の産業構造の変化の中で多発してきたわが国固有の現象である。

> いたって勤勉・几帳面・有能なサラリーマンが，明確な原因もなしに，ある時点より無気力・無関心・無快楽の状態に陥り，出勤拒否・就業拒否を呈し，勇敢な企業戦士の地位や役割を放棄し，職場から突如退却する兵士のように，本業を離れた生活に甘んじる状態を呈する。
> (延島，1989)

この「サラリーマン・アパシー」現象は，青年期への「滞留願望」と「働いているという現実」との乖離(かいり)から生じるものとして解釈できるだろう。

(2) 摂食障害

食行動は，人間にとって重要な行動の一つであるが，食事量を過度に制限したり，逆に過剰な摂食をしたりという，食行動の異常が，青年期に特有な症状として認められている。

神経性食不振症（anorexia nervosa）とは，身体疾患もないし，特定の精神病にもあてはまらないのに，その人の「標準体重」よりもかなりやせている状態が長期にわたって続くことである。末松（1989）によれば，この症状は，女子に多くみられ（ほぼ95％が女性），発症時期は青年期である（平均18歳）。この逆の症状を神経性過食症（bulmia nervosa）と呼ぶが，これら一見相反する症状をまとめて摂食障害と呼ぶ。この摂食障害は，①家族，②社会的規範，③個人的素因，④生理的原因など，さまざまな要因によって生じると考えられている（種田，1991参照）。

笠原（1998）は，摂食障害の発病状況について次のように分類した。①種々の生活場面で生じた心身ストレスが誘因となって食行動の変調となる「心身症型発症群」，②美容や健康のための意図的な

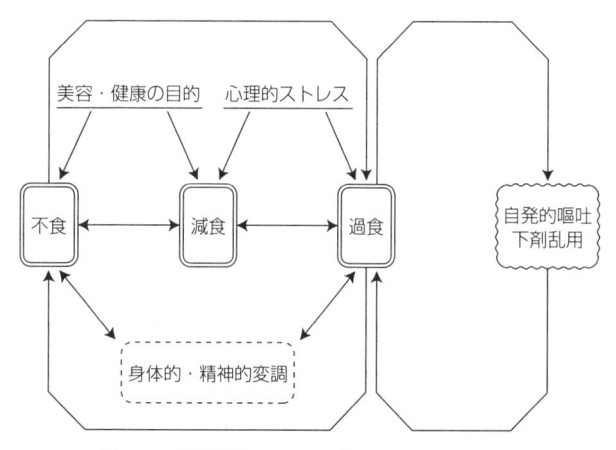

図 8-3 摂食障害のメカニズム（笠原，1998 より）

食事制限がもとになって食行動の変調が生じる「ダイエット型症候群」。さらに，複雑な摂食障害の構図が，図 8-3 に示すように，単純化して整理された。

ガーナーとガーフィンケル（Garner & Garfinkel, 1979）は，神経性食不振症患者の自己報告形式のスクリーニング検査（正常群と異常群を弁別するための検査）の開発を試みた。神経性食不振症患者の行動や態度を表す 40 項目から成る摂食態度検査（Eating Attitude Test；EAT-40）が作成され，神経性食不振症患者と健常女子大学生（神経性食不振症患者と同一の社会経済階層）を対象として実施された。37 項目がこの 2 群を十分に弁別でき，残りの項目も意味内容が臨床的に重要であるとの理由で，40 項目の合計得点が用いられた。また，男性健常群，肥満群，神経性食不振症の回復群とも比較したが，神経性食不振症患者群の検査得点はきわめて高かった。さらに，神経性食不振症者と健常者を弁別するカットオフ点も定義

された。

　また，ガーナーら（Garner *et al.*, 1982）は，神経性食不振症患者を対象として EAT を実施した。因子分析によって次の 3 側面を抽出した。①ダイエット，②過食と食事支配，③口による統制（oral control）。そのうえで，この 3 側面を十分に反映していないと見なされた項目を除き，残り 26 項目（EAT-26）も十分な信頼性をもつとされた。他方，ウェルズら（Wells *et al.*, 1985）は，12 歳から 18 歳までの健常女子に EAT-40 を実施して，主成分分析を試みた。その結果，次の 4 側面が抽出された。①ダイエット，②食事支配，③嘔吐／下剤，④食べることへの社会的圧力。

　永田ら（1989）は，ガーナーとガーフィンケル（1979）による EAT-40 の邦訳版を作成し，健常女子学生に実施した。因子分析によって，この尺度が四つの側面から成ることが見出された。各側面ごとの測定項目の一部を以下に示す。

〔摂食制限〕
　　食べたカロリーを使いはたそうと一生懸命に運動する
　　やせたいという思いが頭から離れない
　　など 13 項目から構成
〔食事支配〕
　　私の生活の大部分が食物の事によって左右されている
　　食事のことが頭から離れない
　　など 4 項目から構成
〔食べることへの社会的圧力〕
　　私がもっと食べるよう，家族が望んでいるように思う
　　私はみんなから非常にやせていると思われている
　　など 3 項目から構成
〔嘔吐／下剤〕
　　下剤をつかっている
　　食後，おう吐したい衝動にかられる

など 3 項目から構成

これは，ガーナーら（1982）の神経性食不振症患者に関する結果と異なるが，健常女子を対象としたウェルズら（1985）とほぼ同じ結果であった。さらに，彼らは，この尺度を神経精神科に入院また通院中である神経性食不振症患者と神経性過食症患者にも評定させ，健常群（女子学生）との比較を行った。「摂食制限」，「食事支配」，「食べることへの社会的圧力」，「嘔吐／下剤」の点で，神経性食不振症群と神経性過食症群は，健常群よりも高い得点を示した。また，「食事支配」では，神経性過食症群が神経性食不振症群よりも高い値を示し，「食べることへの社会的圧力」では神経性食不振症群の得点が神経性過食症群よりも高かった。

小出・長谷川（1992）は，入院中の神経性大食症患者と神経性無食欲症患者に文章完成法（SCT）とロールシャッハテストを実施し，彼らの両親像の特徴を抽出した。

対母親イメージ：患者の面倒をみる情緒的ゆとりに欠けると感じており，母親の関心を引くことの困難さやためらいをもっている。
対父親イメージ：父親を極端に恐ろしく処罰的なものとしてみる場合と，強さが剥奪され弱く抑うつ的になった状態に着目する場合とがある。

東ら（1990）は，神経性食思不振症患者のうち，発症後 5 年以上経過している者を慢性群とし，その家族特徴を検討した。慢性群の父親は，アルコール中毒者であったり，就労意欲の欠如や家族に対する暴力など社会的不適応者と見なされる者が多かった。

竹内ら（1993）は，男女中学生を対象として，自分の体型評価（「太っている」，「ふつう」，「やせている」）と肥満度（〈体重 − 標準体重〉×100／標準体重）との関連を調べた。過大評価群（肥満度「0％」未満で「太っていると評価」した者，肥満度「−20％」未満

表 8-5　女子中学生の身体像不満足感と身体発達との関係
(向井，1996 より)

	身長増加量 (cm)	体重増加量 (kg)
不満足感継続[a]　$N=80$	1.8	2.5
不満足感開始[b]　$N=26$	2.1	3.1
不満足感停止[c]　$N=15$	1.3	0.9
不満足感なし[d]　$N=41$	1.0	2.4

a：2時点ともに「理想＜現実」
b：時点1「理想＝現実」または「理想＞現実」
　　時点2「理想＜現実」
c：時点1「理想＜現実」
　　時点2「理想＝現実」または「理想＞現実」
d：2時点ともに「理想＝現実」または「理想＞現実」

で「ふつう」と評価した者)，過小評価群(肥満度「0％」以上で「やせている」と評価した者，肥満度「＋20％」超で「ふつう」と評価した者)，適正評価群(それ以外の者」)の3群に分けると，女子が自己の体型を過大評価する傾向がみられた(適正評価群：男子94.7％，女子87.8％；過小評価群：3.5％，0.0％；過大評価群：1.8％，12.2％)。また，女子の場合，過大評価群が自分に対する自信に欠けることも認められた。

　向井(1996)は，女子中学生の身体像不満足感と身体発達との関連を検討した。身体像不満足感とは，次のようにして測定された。極度のやせから極度の肥満までを表すシルエット画から「現在の自分の体型に最も近いもの」(現実像)と「なりたいと思う理想の体型」(理想像)を選択させ，理想像のほうが現実像よりもやせた体型である場合に，身体不満足感があると見なす。この測定を11月と翌年の6月に行った。身体不満足感と身体変化との関連を調べると，表8-5に示すように，身体像の不満足感が身長や体重の著しい増加を伴っていることが認められた。

少女たちの症例を通して摂食障害の原因と回復過程を論じた山登（1998）によれば，拒食に立ち向かう際に次の4課題が重要である。

①少女たちの身体が目を覚ますということ
②少女たちが自分の言葉で語りはじめるということ
③自分の親，とくに母親と心理的な距離をとろうとすること
④自分の居場所を探そうとすること

さらに，彼は，摂食障害に苦しむ少女たちの心性を「不思議の国のアリス」にたとえている。つまり，地下世界に迷い込んだアリスは，身体の増幅を随伴させながら，「アイデンティティの危機」にさらされているのである。

(3) 不完全な自分を認めること

青年期は児童期から成人期への移行期であり，そのため心がもともと不安定になりがちである。そのような心の揺れ動きの中で，あまりに理想的な自分を追い求めがちになるが，この「自分の完全さ」の追求が種々の心理的障害の基底にあるように思える。

桜井・大谷（1997）は，「過度に完全性を求める」心理的傾向を「完全主義」と呼び，完全主義が次の4側面から成ることを明らかにした。①完全でありたいという欲求，②自分に高い目標を課する傾向，③ミス（失敗）を過度に気にする傾向，④自分の行動に漠然とした疑いをもつ傾向。桜井・大谷は，男女大学生を対象として，これら4側面と抑うつ傾向や絶望感との関連を調べた。その結果，③や④の側面は，抑うつ傾向や絶望感と正の関係にあった。つまり，これらの点で完全主義志向の強い者は不適応傾向をみせるのである。ところが，②の側面は，絶望感と負の関連を示し，①の側面は何の関連も認められなかった。つまり，狭義な意味での完全主義志向は，

必ずしも不適応的ではないのである。

いずれにせよ,「過度に完全性を求める」のでなく,「自分の不完全さ」を適度に認めることも重要といえよう。青年層に定着した人気を得ている布袋寅泰（1999）は,そのことをうまく歌っている。

NOBODY IS PERFECT
誰だってそうだろう？
死ぬまできっと
未完成のパズル
判っちゃいるけど
自分のことくらい
最後の最後まで
信じるっきゃないだろう

（布袋寅泰　作詞「NOBODY IS PERFECT」）
JASRAC　出 0201598-201

つまり,青年は,「完全さ」と「不完全さ」の間の揺れ動きの中で,結局のところ「完全さ」を夢見て前進するしかないのかもしれない。

引用文献

東　淑江・大石まり子・中村このゆ・竹内和子　1990　神経性食思不振症の予後調査－遷延化予測因子としての家族背景と性格特徴－　心身医学, **30**, 389-394.

Brehm, S. S. & Smith, T. W.　1982　The application of social psychology to clinical practice : A range of possibilities. In G. Weary & H. L. Mirels (Eds.), *Integrations of clinical and social psychology*. New York : Oxford University Press. Pp. 9-24.

Compton, W. C., Smith, M. L., Cornish, K. A., & Qualls, D. L.　1996　Factors structure of mental health measures. *Journal of Personality and Social Psychlogy*, **71**, 406-413.

Flett, G. L., Vredenburg, K., & Krames, L.　1997　The continuity of depression in clinical and nonclinical samples. *Psychological Bulletin*, **121**, 395-416.

Garner, D. M. & Garfinkel, P. E.　1979　The Eating Attitude Test : An index of the symptoms of anorexia nervosa. *Psychological Medicine*, **9**, 273-279.

Garner, D. M., Olmsted, M. P., Bohr, Y., & Garfinkel, P. E. 1982 The Eating Attitude Test : Psychometric features and clinical correlates. *Psychological Medicine*, **12**, 871–878.

平石賢二 1990 青年期における自己意識の構造－自己確立感と自己拡散感からみた心理学的健康－ 教育心理学研究，**38**, 320–329.

布袋寅泰 1999 NOBODY IS PERFECT 東芝 EMI TOCT–4151

稲村 博 1989 若者・アパシーの時代－急増する無気力とその背景－ 日本放送出版協会

笠原敏彦 1998 摂食障害の臨床症状 野上芳美（編） 摂食障害 日本評論社 Pp. 103–114.

小出れい子・長谷川美紀子 1992 摂食障害患者の父親像・母親像と家族内葛藤 心身医学，**32**, 471–478.

Maslow, A. H. 1968 *Toward a psychology of being*. New York : Nostrand Reinhold Company Inc. 上田吉一（訳） 完全なる人間－魂のめざすもの－ 第2版 1998 誠信書房

諸井克英 1996 臨床社会心理学とは何か 人文論集（静岡大学人文学部社会学科・言語文化学科研究報告），**47**(1)，49–74.

諸井克英 1999 青年期における心理学的健康の基本的構造 人文論集（静岡大学社会学科・言語文化学科研究報告），**49**(2)，1–28.

向井隆行 1996 思春期女子における身体像不満足感，食行動および抑うつ気分－縦断的研究－ カウンセリング研究，**29**, 37–43.

宗像 剛 1997 大学生のアパシー傾向の男女別検討 心理学研究，**67**, 458–463.

永田利彦・切池信夫・吉野祥一・西脇新一・竹内伸江・田中美苑・川北幸男 1989 Anorexia nervosa, bulimia 患者における Eating Attitude Test の信頼性と妥当性 臨床精神医学，**18**, 1279–1286.

延島信也 1989 サラリーマン・アパシーとは 延島信也（編） サラリーマン・アパシー 同朋舎 Pp. 1–44.

桜井茂男・大谷佳子 1997 "自己に求める完全主義"と抑うつ傾向および絶望感との関係 心理学研究，**68**, 179–186.

下山晴彦 1995 男子大学生の無気力の研究 教育心理学研究，**43**, 145–155.

下山晴彦 1997 臨床心理学研究の理論と実際－スチューデント・アパシー研究を例として－ 東京大学出版会

末永弘行 1989 食行動異常の概念 筒井末春（編） 食行動異常 同朋舎 Pp. 1–23.

竹内 聡・早野順一郎・堀 礼子・向井誠時 1993 ボディイメージとセル

フイメージ（第2報）−体重の過大認知と自己評価的意識の関係−　心身医学, **33**, 697–703.

種田真砂雄　1991　摂食障害の問題点−認知の視点から−　臨床精神医学, **20**, 83–94.

Wells, J. E., Coope, P. A., Gabb, D. C., & Pears, R. K.　1985　The factor structure of the Eating Attitude Test with adolescent schoolgirls. *Psychological Medicine,* **15**, 141–146.

山登敬之　1998　拒食症と過食症−困惑するアリスたち−　講談社現代新書

索　引

人名索引

あ行
青野篤子　93
安達智子　112
伊藤公雄　25
稲村博　128
井上健治　69, 70, 71, 73
井原茂男　93
ウェルズ（Wells, J. E.）　134, 135
ウォルスター（Walster, E.）　87
エモンズ（Emmons, R. A.）　60
エリクソン（Erikson, E. H.）　6, 29, 30, 109, 110, 117, 119, 125
遠藤由美　36, 37
老松克博　40, 41, 62
オーズベル（Ausbel, D. P.）　5
大谷佳子　137
小此木啓吾　110
尾崎豊　119
小野寺敦子　48

か行
カードウエル（Caldwell, M. A.）　73
ガーナー（Garner, D. M.）　133, 134, 135
ガーフィンケル（Garfinkel, P. E.）　133, 134
カーンバーグ（Kernberg, O. F.）　61
笠原敏彦　132
柏木恵子　27
加藤厚　31
加藤隆勝　28, 29, 35, 46
唐澤真弓　38
河野美香　99, 100, 101
北山忍　38

木村直恵　41
久世敏雄　45
小出れい子　135
ゴードン（Gordon, I. H.）　20
コール（Cole, L.）　21
小塩真司　61
小嶋秀夫　46, 47
コスタンゾー（Costanzo, P. R.）　73
小高恵　46, 47, 48
コフート（Kohut, H.）　58, 59, 61
コンプトン（Compton, W. C.）　124

さ行
斎藤学　64
坂本佳鶴恵　63, 64
桜井茂男　137
佐藤朗子　50
シェーネマン（Schoeneman, T.）　34
シェーバー（Shaver, P.）　53, 54
ジェームス（James, W.）　27
シェロッド（Sherrod, D.）　75
下山晴彦　110, 128, 129, 130, 131
シュプランガー（Spranger, E.）　5
ショー（Shaw, M. E.）　73
スキャモン（Scammon, R. E.）　13
スーパー（Super, D. E.）　113
砂田良一　30
スミス（Smith, T. W.）　126
関智子　25

た行
高木信子　52
高木秀明　46

高田利武　33, 34, 35, 39
竹内聡　135
タナー（Tanner, J. M.）　14
田中熊次郎　70
詫摩武俊　54
天貝由美子　119, 120
ドウー（Deaux, K.）　93
徳田完二　49
戸田弘二　54
豊田正義　25

な行
永田利彦　134
長渕剛　63
西田智男　94, 102
ネズレク（Nezlek, J.）　74
ネッサーロード（Nesselroad, J. R.）　8
延島信也　131

は行
ハヴィガースト（Havighurst, R. J.）　55
バウムリ（Baumli, F.）　25
バーシェイド（Bersceid, E.）　87
橋本良明　83
長谷川美紀子　135
浜田哲郎　108
東淑江　135
日野林俊彦　18, 19, 20
平石賢二　45, 125, 126
広瀬春次　30
広瀬英子　116, 117
フィーラー（Wheeler, L.）　74
フェスティンガー（Festinger, L.）　33
淵上克義　108
古市裕一　112
ブレーム（Bream, S. S.）　126
フレット（Flett, G. L.）　126
フロイト（Freud, S.）　58, 59

ブロス（Blos, P.）　5, 28
ヘイザン（Hazan, C.）　53, 54
ヘイズ（Hays, R. B.）　67
ペプロー（Peplau, L. A.）　73
ヘンドリック（Hendrick, C.）　91, 94
ヘンドリック（Hendrick, S.）　91, 94
ボウルビィ（Bowlby, J.）　50
ホール（Hall, G. S.）　3, 4, 5
ホール（Hall, I. N.）　21
ボールツ（Baltes, P. B.）　8
布袋寅泰　138
ホランド（Holland, J. L.）　116
ホリングワース（Hollingworth, L. S.）　5

ま行
マーシャ（Marcia, J. E.）　31
前田重治　29
マスロー（Maslow, A. H.）　123, 124
町沢静夫　56
松井豊　32, 55, 88
松田君彦　30
ミード（Mead, M.）　4, 24
ミシェル（Mischel, W.）　117
水間玲子　37, 38
宮下一博　61
向井隆代　136
無藤清子　31
宗像恒次　95
宗像剛　130
村松健司　115
諸井克英　41, 89, 126

や行
矢沢永吉　120
山登敬之　137

ら行
ラガイパ（LaGaipa, J. J.）　71, 73

ルイス（Lewis, L. L.） 93
ロジャーズ（Rogers, C.） 35

わ行
渡辺恒夫 25
和田実 71, 74, 75, 77, 82, 92, 93, 94, 102

事項索引

あ行
愛着　50
愛着スタイル　53
アイデンティティ　6
アダルト・チルドレン　63
アパシー　128
横断的方法　7

か行
完全主義　137
危機　31
基本的信頼感　119
客我　27
傾倒　31
系列的方法　8
現実自己　35
コーホート　→出生年

さ行
サラリーマン・アパシー　131
自我同一性地位　31
自己効力　116
自己実現　123
自己中心性　56
思春期スパート　14
疾風怒濤　3, 4, 5
社会的比較理論　33
充足遅延　117
縦断的方法　8
主我　27
出生年（コーホート）　7
障害としてのスチューデント・アパシー　131
職業未決定　110
人格障害　60
神経性過食症　132

神経性食不振症　132
身体的自己　28
心理学的反復説　3
心理社会的モラトリアム　6, 109
巣立ち　45
性意識　87, 104
性感染症　97, 101
成熟前傾現象　16, 18
正常と異常の連続性　126
成長加速現象　16, 17, 18
性的寛容さ　89, 94
性的成熟　20, 22
性役割意識　11, 24
性役割期待　22, 24, 76, 77, 93
摂食態度検査　133
相互強調的自己観　39
相互独立的自己観　39
早熟　20

た行
第二次個性化　5
第二次性徴　5, 7, 15, 21, 22
対人関係の希薄化　83
男性解放　24
同一性 vs 同一性拡散　30
同性愛　92, 93
独立意識　46

な行
内的ワーキング・モデル　50
ナルキッソス　58
ナルシシズム　58
二重基準　90, 104
妊娠　97, 99

は行

発達加速現象　7, 16, 18
発達課題　55
発達曲線　4, 5
晩熟　20
肥満度　135
漂泊する自我　40
負の理想自己　36
フリーター　113
文化的自己観　38

ま行

メル友　41, 84

モラトリアム　→心理社会的モラトリアム

や行

友人関係成立要因　70
友人関係の希薄化　82, 83
友人関係の特徴　69
養育態度　48

ら行

理想自己　36

著者紹介

和田　実（わだ・みのる）
　名城大学人間学部教授
　名古屋大学大学院教育学研究科博士課程単位取得退学
　博士（教育心理学）
　主な著書・論文
　親しさが伝わるコミュニケーション－出会い，深まり，別れ－　金子
　　書房（共著）1999年
　コミュニケーションと人間関係　ナカニシヤ出版（訳）2000年
　性，物理的距離が新旧の同性友人関係に及ぼす影響　心理学研究
　　2001年　ほか
　[担当章]　1章，2章，5章，6章

諸井克英（もろい・かつひで）
　同志社女子大学生活科学部人間生活学科教授
　名古屋大学大学院文学研究科博士課程単位取得退学
　博士（心理学）
　主な著書・論文
　孤独感に関する社会心理学的研究－原因帰属および対処方略との関係
　　を中心として－　風間書房　1995年
　福祉の社会心理学－みんなで幸せになる方法－　ナカニシヤ出版（共
　　著）2001年
　彷徨するワーキング・ウーマン　北樹出版（共著）2001年　ほか
　[担当章]　3章，4章，7章，8章

青年心理学への誘い －漂流する若者たち－

| 2002 年 3 月15日 | 初版第 1 刷発行 |
| 2011 年 9 月 1 日 | 初版第 6 刷発行 |

定価はカヴァーに表示してあります

著　者　　和田　実
　　　　　諸井克英
発行者　　中西健夫
発行所　　株式会社ナカニシヤ出版
〒606-8161　京都市左京区一乗寺木ノ本町 15 番地
Telephone 075-723-0111
Facsimile　075-723-0095
URL http://www.nakanishiya.co.jp/
e-mail iihon-ippai@nakanishiya.co.jp
郵便振替 01030-0-13128

印刷・協和印刷／製本・ファインワークス／装幀・平井秀文
Printed in Japan
Copyright Ⓒ 2002 by M. Wada & K. Moroi
ISBN 978-4-88848-624-8　C 3011

◎本書のコピー、スキャン、デジタル化等の無断複製は著作権法上での例外を除き禁じられています。本書を代行業者等の第三者に依頼してスキャンやデジタル化することは、たとえ個人や家庭内での利用であっても著作権法上認められておりません。